Schriften des deutschen Vereins

für

Armenpflege und Wohlthätigkeit.

Zweiunddreißigstes Heft.

Brandts und Zimmermann, Die Beteiligung größerer Verbände an der Armenlast.

Leipzig,
Verlag von Duncker & Humblot.
1897.

Die

Beteiligung größerer Verbände an der Armenlast.

Zwei Berichte

erstattet im Auftrage des Vereins

von

Landesrat **Brandts** und Finanzrat Dr. **F. W. R. Zimmermann**
in Düsseldorf,   in Braunschweig.

Leipzig,
Verlag von Duncker & Humblot.
1897.

Alle Rechte vorbehalten.

Beteiligung größerer Verbände an der Armenlast.
Bericht von Landesrat Brandts.

Die wiederholt gestellten Forderungen des Deutschen Vereins für Armenpflege und Wohlthätigkeit bezüglich der Beteiligung größerer Verbände an der Armenlast sind am eingehendsten niedergelegt in den Beschlüssen der 7. Jahresversammlung zu Stuttgart (1886). Die damals auf gründlichen Vorarbeiten beruhenden Beschlüsse stellen ein umfassendes Programm dar und lauten:

§ 3.

a. Behufs Herstellung einer leistungsfähigeren Armenpflege, bezw. einer angemessenen Ausgleichung der durch dieselbe entstehenden Belastung, ist eine Erweiterung des Wirkungskreises der größeren Kommunalverbände im Gebiete der Armenpflege durchzuführen. Diese Erweiterung kann sowohl durch unmittelbare Übernahme einzelner hierzu geeigneter Zweige der Armenpflege, als durch Beteiligung an der von den örtlichen Armenverbänden ausgeübten Armenpflege oder an den Kosten derselben erfolgen.

b. Leitender Grundsatz ist, daß diejenigen Zweige der Armenpflege, welche in höherem Maße die Aufwendung von Kapitalanlagen oder fortlaufenden Kosten, die planmäßige und sachverständige Leitung und Veranstaltung technischer Art erfordern, vorzugsweise den größeren Verbänden vorzubehalten sind, daß dagegen die Armenpflege um so mehr für die Handhabung durch die engeren Verbände sich eignet, je mehr die Erfüllung ihrer Aufgaben von der individuellen Thätigkeit und der freien Beurteilung der Verhältnisse abhängt.

Jene Erweiterung des Wirkungsbereiches der größeren Verbände ist dergestalt zu begrenzen, daß ein hinreichendes finanzielles Interesse der Gemeinden und engeren Verbände an der rationellen und sparsamen Handhabung des Unterstützungswesens erhalten bleibe.

§ 4.

Zur unmittelbaren Ausübung durch die größeren Kommunalverbände eignen sich vor allem die Fürsorge für Geisteskranke, Idioten, für Kranke, welche der Pflege in einer Anstalt bedürfen, für Taubstumme, Blinde, für einzelne leicht abgrenzbare Kategorien von Siechen und Gebrechlichen, für Waisen, sowie für verwahrloste Kinder. Auch die Errichtung von Armenbeschäftigungsanstalten und die Unterhaltung von Zwangsarbeitshäusern ist Sache der größeren Verbände.

§ 5.

Umfaßt die Kommunalorganisation des betreffenden Staates verschiedene Stufen größerer kommunaler Verbände, so ist dafür zu sorgen, daß die genannten Aufgaben der Armenpflege sich über dieselben in zweckmäßiger Weise verteilen. Für den Wirkungskreis der den Ortsarmenverbänden zunächst übergeordneten Verbände erscheint in diesem Falle Unterhaltung der Anstalten für die geschlossene Krankenpflege, sowie gemeinsamer Armenhäuser mit Beschäftigung der Armen, für den der größten die Unterhaltung der Anstalten für die Fürsorge für Geisteskranke, Idioten, Blinde, Taubstumme und der Zwangsarbeitshäuser vorzugsweise geeignet.

§ 6.

Die Fürsorge der größeren Verbände kann bei den von ihnen zu unmittelbarer Ausübung übernommenen Zweigen der Armenpflege auch auf die Bestreitung der Individualkosten, jedoch mit der Beschränkung ausgedehnt werden, daß die Ortsarmenverbände bezw. engeren Verbände mit demjenigen Beitragsmaß, dessen es zur Erhaltung des Interesses dieser Verbände an der Prüfung und Überwachung der Vermögensverhältnisse der Beteiligten bedarf, beteiligt bleiben.

§ 7.

a. Die Beteiligung der größeren Verbände an den Kosten derjenigen Zweige der Armenpflege, welche dem Wirkungskreise der Ortsarmenverbände verbleiben, hat in der Form der Übernahme entweder von Quoten des Gesamtaufwandes oder gewisser Arten von Ausgaben oder von festen, hinter den Gesamtkosten zurückbleibenden Beiträgen und nur dann, wenn diese Form nicht anwendbar, in Form allgemeiner Bedürfniszuschüsse zu geschehen. Dagegen ist die Übernahme der ein gewisses Normalmaß übersteigenden Kosten thunlichst zu vermeiden.

b. Als Korrelat dieser Beteiligung ist den größeren Verbänden ein Anspruch auf eine von ihnen auszuübende Kontrolle über die Handhabung des betreffenden Zweiges der Armenpflege zuzugestehen.

§ 8.

In Staaten, welche nur Bezirks=(Kreis=)Verbände, nicht höhere Kommunalverbände (Provinzialverbände) besitzen, hat der Staat die den letzteren in den §§ 5—7 zugewiesenen Aufgaben zu übernehmen.

§ 9.

Als in erster Linie für die Ausbildung einer Subventionierung im Sinne des § 7 geeignet sind die im § 4 genannten Zweige der Armenpflege insoweit, als solche von den größeren Verbänden zur unmittelbaren Ausübung etwa in dem einen oder anderen Staate nicht übernommen werden können, zu bezeichnen.

§ 10.

a. Soweit die den Ortsarmenverbänden zunächst übergeordneten Kommunalverbände (Kreise, Amtsbezirke u. s. w.) sich nach ihrer gegenwärtigen Organisation für die Übernahme einzelner solcher Aufgaben der Armenpflege, für welche die Kräfte der Ortsarmenverbände unzureichend sind, nicht eignen, kann entweder diese Organisation durch Errichtung von Unterbezirken jener Verbände und Aufstellung von Bezirksorganen, welche namens der gedachten Verbände jenen Aufgaben in gesetzlich oder autonom geordnetem Einvernehmen mit den Ortsarmenverbänden sich unterziehen, vervollständigt oder durch Einrichtung von aus Gemeinden und Gutsbezirken sich zusammensetzenden Kollektivverbänden, welche lediglich in der Erfüllung jener Aufgaben ihre Zweckbestimmung haben, ergänzt werden.

Inwieweit der eine oder andere Weg einzuschlagen ist, muß nach dem besonderen Charakter der allgemeinen oder administrativen oder kommunalen Organisation des betreffenden Staates beurteilt werden.

b. Als Aufgaben für derartige zwischen den Ortsarmenverbänden und den größeren Kommunalverbänden sich einschiebende Zwischenorganisation kommen vorzugsweise in Betracht:

α. Die Fürsorge für Krankenpflege bezw. ärztlichen Beistand und die Lieferung von Arzneien und Heilmitteln an in Anstalten nicht behandelte arme Kranke.
β. Die Unterhaltung gemeinsamer Armenhäuser (Armenbeschäftigungsanstalten).
γ. Die Gewährung von Beihülfe zu den Kosten der von den Ortsarmenverbänden ausgeübten Armenpflege.

Immer wieder ist auch in späteren Berichten und Versammlungen mit Recht betont worden, und wie ein roter Faden zieht sich durch alle Reformvorschläge der Gedanke, daß der Schwerpunkt jeder Reform des deutschen Armenwesens darin zu suchen sei, daß die weiteren Kommunalverbände in erhöhtem Maße an den Aufgaben der Armenpflege zu beteiligen seien. Zuletzt wurde diesem Gedanken Ausdruck verliehen auf der 11. Jahresversammlung in Frankfurt:

„Die geltende Armengesetzgebung wird als reformbedürftig anerkannt. Als wesentlichster Bestandteil dieser Reform ist die ausgedehntere Beteiligung der größeren Kommunalverbände an den Lasten der Armenpflege, sowie die Bildung leistungsfähiger Ortsarmenverbände im Sinne der von dem Deutschen Verein für Armenpflege und Wohlthätigkeit im Jahre 1886 aufgestellten Thesen zu betrachten."

Aufgabe der vorliegenden Arbeit ist nach den Absichten des Centralausschusses des Vereins, einen Rückblick zu werfen, wie viel von dem Programm von 1886 erfüllt ist, und zwar zunächst für Preußen durch das Gesetz vom 11. Juli 1891. Des weiteren soll dargestellt werden, wie sich in den letzten Jahren die Armenlasten verschoben haben zwischen den Landarmenverbänden und Ortsarmenverbänden und zwar vorzugsweise in den westlichen Provinzen des Preußischen Staates. Hierbei kommen in Betracht die Wirkungen der Novelle zum Gesetz über den Unterstützungswohnsitz vom 12. März 1894 und des Preußischen Gesetzes vom 11. Juli 1891. Und endlich soll geprüft werden, inwieweit für die westlichen Provinzen des Preußischen Staates eine weitere Ausführung des Programms von 1886 notwendig und ausführbar ist.

I.

Die Ausführung des Preußischen Gesetzes vom 11. Juli 1891.

§ 1 dieses Gesetzes lautet:

„Die Landarmenverbände — in der Provinz Ostpreußen der Landarmenverband der Provinz — sind verpflichtet, für Bewahrung, Kur und Pflege der hülfsbedürftigen Geisteskranken, Idioten, Epileptischen, Taubstummen und Blinden, soweit dieselben der Anstaltspflege bedürfen, in geeigneten Anstalten Fürsorge zu treffen.

Verpflichtet zur Aufnahme und Bewahrung, zur Gewährung der Kur und Pflege ist zunächst derjenige Landarmenverband, welchem der vorläufig unterstützungspflichtige Ortsarmenverband angehört.

Dieser Landarmenverband kann die Übernahme des Hülfsbedürftigen, sowie den Ersatz der aufgewendeten Verpflegungs- und Überführungskosten von demjenigen Landarmenverbande verlangen, dem der endgültig unterstützungspflichtige Ortsarmenverband angehört."

Anlage I.

Landarmenverbände.

Für die Jahre 1892/93—1894/95 sind die Resultate der Volkszählung vom 1. Dezember 1890, für die Jahre 1895/96 und 1896/97 diejenigen der Volkszählung vom 2. Dezember 1895 zu Grunde gelegt.

1.	2.		3.	4.	5.											
Etats-jahr	Armenlasten auf Grund des Reichsgesetzes vom 6. Juni 1870 über den Unterstützungs-wohnsitz	Demnach pro Kopf der Bevölkerung	Gesamtausgabe auf Grund des Gesetzes vom 11. Juli 1891	Hiervon haben Kreise und Gemeinden erstattet	Hiernach hat der Land-armenverband auf Grund des Gesetzes vom 11. Juli 1891 endgültig getragen	Demnach pro Kopf der Bevölkerung	Summe von Kolonne 2 und 5 pro Kopf der Bevölkerung	Freiwillige Leistungen außer den in Kolonne 2 u. 5 verzeichneten Aufwendungen — z. B. Fürsorge f. Blinde, Taubstumme, Freistellen für Geisteskranke	Auf den Kopf der Bevölkerung	Zahl der am 1. April 1893 auf Grund des Gesetzes vom 11. Juli 1891 übernommenen Personen	Zahl der auf Grund des Gesetzes vom 11. Juli 1891 am Schluße des Rechnungs-jahres in Pflege befindlichen Personen					Bemerkungen
											Geisteskranke	Epilep-tiker		Idioten		Blinde	Taubstumme	Summe
												Erwachsene	Kinder	Erwachsene	Kinder			
	1000 ℳ	ℳ	1000 ℳ	1000 ℳ	1000 ℳ	ℳ	ℳ		ℳ									

Rheinprovinz.

1892/93	823	0,175	—	—	—	—	0,175	614	0,13	5048	3765	682	133	639	321	73	32	5645
1893/94	871	0,185	2075	1513	562	11,9	0,304	383	0,08	—	4282	720	136	720	405	91	34	6388
1894/95	945	0,20	2288	1650	638	13,5	0,335	383	0,08	—	4458	712	152	757	456	82	31	6648
1895/96	1006	0,198	2514	1773	741	14,5	0,343	397	0,08	—	4507	762	157	779	522	85	35	6847
1896/97	1026	0,20	2706	1900	806	15,8	0,358	400	0,08	—								

Brandenburg.

1892/93	1789	0,70	—	—	—	—	0,57	87	0,03	—	1673	115	26	170	81	8	10	2083
1893/94	583	0,23	1402	541	861	0,34	0,65	148	0,05	—	1794	150	37	204	82	12	22	2301
1894/95	682	0,27	1575	613	962	0,38	0,606	123	0,04	—	1929	185	45	229	98	15	33	2514
1895/96	704	0,25	1671	669	1002	0,356	0,61	145	0,05	—	2021	212	50	254	99	16	32	2684
1896/97	734	0,26	1713	717	996	0,35		157	0,06	—								

Pommern.

Jahr																	
1892/93	306	—	—	—	—	0,08	—	—	—	191	172	—	5	251	82	11	—	712
1893/94	296	0,19	240	115	125	0,10	0,27	—	—	248	193	—	16	307	90	11	1	861
1894/95	314	0,21	309	156	153	0,10	0,31	—	—	313	229	—	20	312	100	10	1	985
1895/96	333	0,21	364	183	181	0,11	0,32	—	—	313	229	—	20	312	100	10	1	985
1896/97	322	0,21	398	202	196	0,12	0,338	—	251	356	223	—	28	346	111	10	1	1070

Schleswig-Holstein.

Jahr																	
1892/93	361	0,31	456	150	306	0,26	—	—	128	1107	135	—	13	433	100	66	22	1876
1893/94	387	0,33	512	221	291	0,25	0,59	0,105	122	1169	145	—	22	454	97	65	23	1975
1894/95	393	0,34	541	232	309	0,25	0,59	0,10	126	1181	144	—	23	452	113	61	22	1996
1895/96	430	0,35	541	244	311	0,25	0,60	0,09	130	1264	152	—	31	469	109	58	23	2106
1896/97	414	0,34	555	244	311	0,25	0,59	0,10	130	1264	152	—	31	469	109	58	23	2106

Hannover.

Jahr																	
1892/93	600	0,26	809	593	216	0,09	—	—	40	229[1]	46	—	—	10	60	4	16	365
1893/94	780	0,34	873	661	212	0,09	0,43	0,017	36	276[1]	50	—	—	10	80	13	19	448
1894/95	776	0,34	900	672	228	0,09	0,43	0,015	53	365[1]	48	—	—	5	75	14	17	524
1895/96	724	0,30	900	672	228	0,09	0,39	0,02	53	365[1]	47	—	—	5	75	14	17	524
1896/97	820	0,34	947	714	233	0,097	0,437	0,02	53	425[1]	47	2066	—	6	84	16	20	598

Westfalen.

Jahr																	
1892/93	415	0,17	800	604	196	0,08	—	—	—	1409	272	—	—	202	—	7	—	1890
1893/94	467	0,19	912	687	225	0,09	0,27	—	—	1751	368	—	—	324	—	11	8	2462
1894/95	490	0,20	1007	758	249	0,09	0,29	—	—	1863	387	—	—	362	—	14	25	2651
1895/96	519	0,19	1104	843	261	0,095	0,28	—	—	1980	432	1890	—	419	—	28	48	2907
1896/97	517	0,19	1104	843	261	0,095	0,285	—	—	1980	432	1890	—	419	—	28	48	2907

Hessen (Landarmenverband des Regierungsbezirks Kassel).

Jahr																	
1892	49	0,059	68	32	36	0,044	0,10	0,077	64	76	89	—	—	58	—	—	—	223
1893	49	0,06	121	64	57	0,068	0,127	0,082	67	134	118	—	—	109	—	—	—	361
1894	49	0,059	148	82	66	0,077	0,140	0,082	68	194	148	—	—	129	2	—	1	474
1895	54	0,063	150	97	53	0,062	0,127	0,076	65	202	135	—	—	147	3	—	—	487
1896	55	0,065	150	97	53	0,062	0,127	0,08	68	202	135	—	—	147	3	—	—	487

Enthält in Spalte 2 auch die Beihülfen auf Grund § 36 des Gesetzes vom 8. März 1871 u. die Ausgaben für die Korrektions- u. Landarmenanstalten.

[1] Diese Zahlen stellen vermutlich nur den Zugang dar.

										Zahl der auf Grund des Gesetzes vom 11. Juli 1891 am Schlusse des Rechnungsjahres in Pflege befindlichen Personen						
1.	2.	3.	4.	5.						Geisteskranke	Epileptiker		Idioten		Blinde	Taubstumme	Summe	Bemerkungen
Etatsjahr	Armenlasten auf Grund des Reichsgesetzes vom 6. Juni 1870 insoweit sie über den Unterstützungswohnsitz pro Kopf der Bevölkerung	Gesamtausgabe (Gesetz des vom 11. Juli 1891)	Hierauf haben Kreise und Gemeinden erstattet	Hiernach hat der Landarmenverband auf Grund des Gesetzes vom 11. Juli 1891 endgültig getragen	Demgemäß pro Kopf der Bevölkerung	Summe von Kolonne 2 und 5 pro Kopf der Bevölkerung	Freiwillige Leistungen außerhalb der in Kolonne 2 u. 3 verzeichneten Aufwendungen — z. B. Fürsorge für Blinde, Taubstumme, Freistellen für Geisteskranke	Auf den Kopf der Bevölkerung	Zahl der am 1. April 1893 auf Grund des Gesetzes vom 11. Juli 1891 übernommenen Personen		Erwachsene	Kinder	Erwachsene	Kinder				
	1000 ℳ	ℳ	1000 ℳ	1000 ℳ	1000 ℳ	ℳ	ℳ	1000 ℳ	ℳ									

Wiesbaden (den Einrichtungen des Landesverbandes gemäß des Gesetzes vom 11. Juli 1891 ist der Ortsarmenverband Frankfurt überhaupt nicht, der Ortsarmenverband Wiesbaden mit seinen Idioten, Blinden und Taubstummen nicht beigetreten).

1892/93	112	0,13	—	—	—	—	0,014	83	0,096	—	—	—	—	—	—	—	—	
1893/94	136	0,16	168[1]	156	12	—	0,174	68	0,080	—	308	83	—	112	—	8	—	467	
1894/95	141	0,17	198[1]	177	21	0,025	0,195	71	0,085	—	323	94	—	141	—	8	2	537	
1895/96	157	0,17	214[1]	189	25	0,027	0,197	67	0,072	—	347	98	—	170	—	12	2	600	
1896/97	154	0,17	225[1]	200	25	0,027	0,197	70	0,077	—	364	97	—	170	—	12	2	645	

Schlesien (mit Ausschluß der Stadt Breslau, welche einen eigenen Landarmenverband bildet).

1892/93	640	0,164	—	—	94	0,025	0,196	332	0,08	934	—	—	—	—	—	—	—	840	
1893/94	690	0,171	186	92	125	0,03	0,158	366	0,090	—	—	—	—	—	—	—	—	1090	
1894/95	510	0,128	366	241	157	0,04	0,246	343	0,088	—	—	—	—	—	—	—	—	1799	
1895/96	809	0,206	443	286	223	0,058	0,222	332	0,084	—	—	—	—	—	—	—	—		
1896/97	645	0,164	607	384	223	0,058	0,222	329	0,084	—	—	—	—	—	—	—	—	2238	

Posen.

1892/93	—	—	—	—	158	0,087	0,221	209	0,119	796	720	159	18	154	44	98	7	1200	
1893/94	235	0,134	346	188	169	0,098	0,236	201	0,114	—	1006	173	23	178	68	86	7	1541	
1894/95	242	0,138	391	222	186	0,102	0,250	200	0,109	—	940	195	25	217	81	91	9	1558	
1895/96	272	0,148	442	256	195	0,107	0,257	202	0,11	—	918	211	29	221	86	86	6	1557	
1896/97	274	0,150	471	276															

[1] Diese Summen enthalten nicht die Kosten für Verzinsung und Amortisation des Anlagekapitals und nicht die allgemeinen Verwaltungskosten der eigenen Anstalten.

In der als Anlage I beigefügten Tabelle sind die Leistungen der Preußischen Landarmenverbände auf Grund dieses Gesetzes, soweit sie ermittelt werden konnten, zusammengestellt.

Um zu zeigen, von welch großer Bedeutung dieses Gesetz ist, und welche hohen Ansprüche es an die Arbeitskraft und an die Finanzen der Landarmenverbände gestellt hat, sind die Leistungen der Landarmenverbände auf Grund des Reichsgesetzes vom 6. Juni 1870 und die freiwilligen Leistungen der Landarmenverbände bezw. Provinzialverbände hinzugefügt.

Diese Tabelle und die Ausführung des Gesetzes vom 11. Juli 1891 geben zu folgenden Bemerkungen Anlaß.

1. Das Gesetz vom 10. Juli 1891 hat die Landarmenverbände für Preußen neu belastet jährlich mindestens mit 4,2 Millionen Mk. Ein Teil dieser Summe wurde allerdings vor dem 1. April 1893 freiwillig von den Landarmen= bezw. Provinzialverbänden getragen.

Am 1. April 1897 waren in Anstalten untergebracht auf Grund dieses Gesetzes etwa 31000 Personen, welche im Jahre 1896/97 an Kosten verursachten rund 10 Millionen Mk. Von dieser Summe trugen die Landarmenverbände endgültig 4,2 Millionen Mk.[1] Die Kreise und Gemeinden erstatteten rund 5,8 Millionen Mk. Gewiß zahlen schließlich die Gemeinden in der Form der Steuer auch heute die ganzen Kosten, aber nicht nach dem Bedürfnis des einzelnen Falles, sondern nach der Leistungsfähigkeit.

Leider sind nicht von allen Landarmenverbänden gleichmäßig die Pfleglinge nach Art der Krankheit und nach Alter gebucht worden, so daß nicht angegeben werden kann, wie viele Geisteskranke, Epileptische u. s. w. im einzelnen und wie viele bildungsfähige kranke Kinder sich unter der Gesamtzahl befinden.

Es wird besonders hingewiesen auf das schnelle Anwachsen der Zahl der unter das Gesetz fallenden Personen. Der Rheinische Landarmenverband, welcher am 1. April 1893 5600 Personen übernahm, zählte am 1. April 1897 bereits 6800 Personen. Es ist klar, daß heute naturgemäß die Gemeinden sich viel leichter entschließen, einen Geisteskranken, Idioten 2c. in die Anstalt zu schicken, als früher — dies war eben die Absicht des Gesetzes. Das Gesetz bedeutet daher einen großen Fortschritt nach der Richtung hin, daß heute wohl alle Geisteskranke, Idiote 2c. sich in Anstalten befinden, während früher aus Sparsamkeit nicht wenige in anfechtbarer Familienpflege behalten wurden.

2. Naturgemäß haben die kreisexim ierten Städte nicht denselben finanziellen Vorteil von dem Gesetz gehabt, wie die ländlichen Gemeinden, da die ersteren den auf die Kreise entfallenden Teil selbst zahlen.

Das Gesetz sollte eben hauptsächlich eine Entlastung und eine Verbesserung der Armenpflege der ländlichen Gemeinden sein. Für die Städte bedeutete aber das Gesetz insofern auch eine Verbesserung der Armenpflege, als eine

---

[1] Für diejenigen Landarmenverbände, für welche die Zahlen nicht ermittelt werden konnten, sind hierbei entsprechende Durchschnittszahlen angenommen. Vielfach, wenn nicht sogar allenthalben, treten zu den angegebenen Kosten der Landarmenverbände noch die Kosten für Verzinsung und Amortisation der Bauschulden.

nicht geringe Anzahl von Geisteskranken, Idioten und Epileptischen, die früher vielfach in den allgemeinen Armenhäusern verpflegt wurden, seitdem in die betreffenden Specialanstalten übergeführt wurden. Diese Versetzungen vermehrten namentlich in den ersten Jahren die Zahl der Insassen der Specialanstalten und entlasteten die städtischen Armenhäuser. Man ging in den Armenhäusern mit Recht auf die Suche nach Idioten, Epileptischen u. s. w., infolgedessen eine reinliche Scheidung zwischen den verschiedenen Kategorien von Kranken erfolgte. Wenn diese nicht überall gleich und völlig durchgeführt werden konnte, so lag dies an der unerwartet großen Anzahl von Kranken, für die nicht gleich anderweit der nötige Raum geschaffen werden konnte.

3. Man hat anfangs befürchtet, daß der Begriff „Anstaltspflegebedürftigkeit", welchen das Gesetz vom 11. Juli 1891 neu in die Armengesetzgebung eingeführt hat, zu vielen Streitigkeiten Anlaß geben werde. Das scheint in Wirklichkeit nicht der Fall gewesen zu sein. Wenigstens ist das Bundesamt für Heimatswesen, soweit bekannt, nur zweimal in die Lage gekommen, über diese Frage sich äußern zu müssen (Band 28 der Entscheidungen Seite 145) und in einer nicht abgedruckten Entscheidung vom 5. Dezember 1896 in Sachen Rheinprovinz contra Ortsarmenverband Höhscheid. Der Begriff ist aber auch von den Landarmenverbänden im allgemeinen nicht engherzig aufgefaßt worden. Vielfach gehen sogar die Landarmenverbände, wie die Reglements zur Ausführung des Gesetzes ergeben, über den Rahmen ihrer armenrechtlichen Verpflichtung hinaus, dem entsprechend auch die Kreise und Gemeinden. Wohl ziemlich allgemein werden nämlich idiote, epileptische, taubstumme und blinde Kinder für anstaltspflegebedürftig auch dann angesehen, wenn sie zwar noch in der Familie verpflegt werden könnten, aber unterrichtsfähig sind; gerade für die idioten und epileptischen Kinder ist das Gesetz von dem größten Segen gewesen.

4. Das Gesetz vom 11. Juli 1891 hat eine große Umwälzung nicht nur in den Finanzen der Landarmenverbände hervorgerufen; es hat auch das Princip des § 28 des Reichsgesetzes über die vorläufige Unterstützungspflicht der Gemeinden hinsichtlich der Geisteskranken ꝛc. völlig verschoben. Der Landarmenverband ist nach Aufnahme der Kranken in die Anstalt rechtlich vollständig in die Stelle des vorläufig unterstützungspflichtigen Ortsarmenverbandes getreten. Die vorläufige Gewährung der Armenpflege ist dem Ortsarmenverbande abgenommen und dem Landarmenverbande auferlegt: der Landarmenverband soll den endgültig verpflichteten Ortsarmenverband ermitteln und hat keinen Regreßanspruch gegen den vorläufig unterstützenden Ortsarmenverband. Diese Konsequenz, die anfänglich noch zweifelhaft war, und die auch zu Streitfragen geführt hat, ist allerdings mit klaren Worten erst ausgesprochen worden in der Novelle zum Reichsgesetz vom 12. März 1894 in § 32 a.

II.

Kurz sei hier nebenbei erwähnt, welche weitere neuere gesetzliche Bestimmungen eine Verschiebung der Armenlast vom Ortsarmenverbande zum Landarmenverbande bewirkt haben.

1. § 30 b der Novelle vom 12. März 1894 erleichtert die Beweislast des vorläufig unterstützenden Ortsarmenverbandes. Der Landarmenverband ist schon dann verpflichtet einzutreten, wenn ein Unterstützungswohnsitz des Unterstützten nicht zu ermitteln ist. Mit dieser Bestimmung ist eine alte und wiederholte Forderung des Deutschen Vereins für Armenpflege und Wohlthätigkeit erfüllt.

2. Die Veränderung der Altersgrenze in § 10 und 22 des Reichsgesetzes vermehrt die Zahl der Landarmen, wenigstens der vorübergehend unterstützten Landarmen.

Auf diese Bestimmungen, auf die Wirkung des Gesetzes vom 11. Juli 1891, auf die Verschiebung der Armenlast infolge der Novelle vom 12. März 1894, auf das naturgemäß prozentual stärkere Anwachsen der Zahl der Landarmen im Verhältnisse zu der Zahl der Ortsarmen, sowie endlich auf die wohl kaum zu bestreitende Thatsache, daß die Landarmen an den Wohlthaten der Reichsversicherungsgesetze weniger teilnehmen als die Ortsarmen, ist es zurückzuführen, daß die Belastung der Landarmenverbände pro Kopf der Bevölkerung stetig und stark gewachsen und in keinem Landarmenverbande gefallen ist. In einer nicht geringen Anzahl von Ortsarmenverbänden sind dagegen die Armenkosten pro Kopf der Bevölkerung gefallen, oder wenigstens die gleichen geblieben. Dies beweist die als Anlage III (siehe S. 14) auszugsweise mitgeteilte Tabelle aus Heft II, Jahrgang 1897 der Statistik des deutschen Reiches. Da die Reichsstatistik gerade mit dem Jahre 1893 abschließt, in welchem das Gesetz vom 11. Juli 1891 in Kraft trat, so sind seitens des Landeshauptmanns der Rheinprovinz die entsprechenden Ermittelungen für eine Anzahl rheinischer Ortsarmenverbände bis zum J. 1897 weiter fortgeführt worden. Das Resultat dieser Ermittelungen ist als Anlage II (siehe S. 13) abgedruckt.

Die Verschiebung der Armenlasten von den Ortsarmenverbänden zu den Landarmenverbänden ergiebt sich auch aus folgender Erwägung. Im Jahre 1885 betrug die Armenlast in Preußen (Statistik des Deutschen Reiches, Neue Folge, Band 29, 1887, Seite 290/91 u. S. 55), soweit sie aus eigenen Mitteln der Armenverbände geleistet wurde,

pro Kopf der Bevölkerung 1,89 Mk.
Hiervon trugen die Ortsarmenverbände 1,62 „
„ „ „ Landarmenverbände 0,27 „

Man wird annehmen dürfen, daß der Armenaufwand der Ortsarmenverbände im Durchschnitt nicht größer, eher geringer geworden ist. Die Bemerkung im Vierteljahrsheft zur Statistik des Deutschen Reiches, 1897, Heft II, Seite 8, betreffend den Mehraufwand für Armenzwecke seit 1885, trifft im allgemeinen zu für den Abschluß mit dem Jahre 1893, dürfte aber für die Jahre 1893 bis heute im allgemeinen nicht mehr zutreffen, nach Anlage II (siehe S. 13) wenigstens nicht für die rheinischen Gemeinden. Außerdem dürfte aber diese Bemerkung vorzugsweise für die Steigerung der Kosten der Landarmenverbände gemeint sein. Denn einmal ist doch in einer ganzen Reihe von Ortsarmenverbänden der Aufwand pro Kopf der Bevölkerung zurückgegangen oder wenigstens derselbe geblieben[1], sodann aber sind in der Tabelle III der Reichsstatistik von 1897, II, S. 31, die Kosten für Ortsarme und Landarme zusammengerechnet. Es ist also nicht ersichtlich, welcher Anteil an der Steigerung von 1885 zu 1893 auf die Ortsarmenverbände und welcher auf die Landarmenverbände definitiv entfiel. Vermutlich fiel der größere Anteil auf die letzteren. Für diejenigen Armenverbände, in denen nach der Reichsstatistik die Armenlasten in Summa — also Orts= und Landarmenkosten zusammengenommen — gefallen sind, müssen bei der bewiesenen Steigerung der Landarmenkosten die Ortsarmenkosten sogar ganz erheblich gefallen sein. Im allgemeinen ist es also sicher nicht zu niedrig gegriffen, wenn man annimmt, daß in Preußen heute durchschnittlich die Ortsarmenkosten pro Kopf der Bevölkerung 1,60 Mk. betragen. Nach Anlage I betragen die Leistungen der Landarmenverbände einschließlich der freiwilligen Leistungen derselben durchschnittlich etwa 0,50 pro Kopf der Bevölkerung. **Während also im Jahre 1885 die preußischen Landarmenverbände 14 % der Gesamtarmenkosten Preußens trugen, tragen sie heute etwa 24 % derselben.**

III.

Die durch das preußische Gesetz vom 11. Juli 1891 gelegte Grundlage ist entschieden weiter entwicklungsfähig. Es sind durch dieses Gesetz zum ersten Male die Kreise in die Armenpflege hineingezogen, indem sie eine Quote der Specialkosten für die Geisteskranken rc. zu tragen haben. Seit Einführung der Kreisordnung hat sich das kommunale Leben in den Kreisen immer mehr entwickelt. Im Verkehrswesen — Wege und Kleinbahnen — sind die Kreise bereits vielfach thätig, ebenso in der Beförderung und Beaufsichtigung landwirtschaftlicher Meliorationen u. dgl. Auch im Armenwesen haben sie sich freiwillig mannigfach beteiligt. Einige Kreise haben Kranken= und Pflegehäuser errichtet, welche den Gemeinden für billige Pflegesätze zur Verfügung stehen (Düren, Aachen), ein Kreis hat ein Kreiswaisenhaus eingerichtet (Cochem). Manche westfälische Kreise haben die Kosten der Naturalverpflegungsstationen übernommen, welche sie allerdings in letzter Zeit wieder abzustoßen sich bemühen. Wenige Kreise übernahmen die Zahlung der **ganzen** Specialkosten für die Geisteskranken rc. an die Landarmenverbände, z. B. Lüdinghausen. Manche westfälische Kreise haben Freistellen in den Provinzial=Taubstummenanstalten gestiftet u. s. w.

Diese Entwicklung sollte man systematisch weiterführen. Ebenso wie aus einer ausgedehnten zunächst **freiwilligen** Beteiligung des Landarmenverbandes bezw. Provinzialverbandes an den Kosten der Verpflegung der Geisteskranken rc. sich verhältnismäßig leicht — wenn auch in der Übergangszeit mit großen Schwierigkeiten —, die **gesetzliche** Verpflichtung des Landarmenverbandes zur Tragung dieser Kosten entwickelt hat, so wird auch die Beteiligung der Kreise an der Armenverwaltung sich allmählich gesetzlich weiterführen lassen. Als das nächstliegende und wichtigste Arbeitsgebiet für die Kreise dürfte die Waisenpflege einschließlich der Pflege

---

[1] In Anlage III (S. 14) sind dieselben ausgezogen.

verlassener Kinder, in zweiter Linie die Anstaltskrankenpflege zu bezeichnen sein. Im allgemeinen ist — in den westlichen Provinzen wenigstens — auch auf dem Lande kein Mangel an Kranken= und Pflegehäusern, und zwar sind diese meist durch die freiwillige Liebesthätigkeit ins Leben gerufen. Aber an einer systematischen, gut entwickelten Waisenpflege fehlt es vielfach.

Diese gesetzliche Fortführung vorhandener Ansätze würde allerdings die Städte gar nicht berühren. Für diese liegt bei der mehr oder minder gut ausgebildeten Waisenpflege auch ein dringendes Bedürfnis zunächst nicht vor; wohl aber für viele ländliche Gemeinden. Hier hätte die Reform einzusetzen. Es ist keine Frage, daß bei den heutigen komplizierten Lebens= und Erwerbsverhältnissen die Waisen einer viel weitgehenderen Leitung und Fürsorge bedürfen, als früher. Dies erkennen die Städte an und vervollkommnen ihre Waisenpflege, cfr. der freiwillige Erziehungsbeirat in Berlin, Rheydt und in anderen Städten. Es ist heute nicht mehr angängig, mit der Entlassung aus der Schule, mit dem 14. Lebensjahr, die Fürsorge der Armenverwaltung einzustellen, weil das Kind „erwerbsfähig und nicht mehr hülfsbedürftig" ist. Es ist nicht mehr richtig, das vierzehnjährige Kind ohne weitere sittliche und technische Vorbildung ins Erwerbsleben zu stoßen, am wenigsten die meist ohne Schutz und Hilfe dastehenden armen vater= und mutterlosen Kinder, für die die Allgemeinheit aufzukommen hat. Die vormundschaftliche Hilfe genügt da nicht immer. Vormundschaft und Waisenrat müssen unterstützt werden von der Armenverwaltung und mit ihr Hand in Hand gehen. Die Lehrzeit der Knaben und die hauswirtschaftliche Ausbildung der Mädchen, sowie die sittliche Fortbildung und Beaufsichtigung beider kostet Geld und Arbeit. In ähnlicher umfassender und liebevoller Weise, wie die Provinzialverbände ihre Zwangszöglinge bis zum 18. resp. 21. Jahre mit allgemein gutem Erfolge führen und beschützen, so sollten die Armenverwaltungen ihre Waisen beaufsichtigen und unterstützen. Die Zeit vom 14. bis 18. Lebensjahre ist die gefährlichste und des Schutzes am bedürftigsten. Tausende von jungen Leuten, denen wir als Kindern große Sorgfalt angedeihen ließen, werden später dem Strom des Lebens überlassen, gerade in den wichtigsten Jahren unmittelbar nach dem Kindesalter, wo sie mehr denn je unserer Sorge bedürfen [1].

In dieser Zeit entsteht die „verwilderte Jugend". Die Pflege der Waisen und verlassenen Kinder, von diesem höheren Standpunkt betrachtet, kann nicht von den ländlichen Gemeinden allein ausgeführt werden. Der Kreis sollte die Waisenpflege übernehmen. Das führt nicht notwendig, wie man befürchten könnte, zur Lockerung der Familienbande, zum Fortbringen der Kinder aus dem heimatlichen und Familienverbande. Das führt auch nicht notwendig zur schablonenhaften Anstaltserziehung, zur Einrichtung von Kreiswaisenhäusern in eigener Regie und zur Zerstörung der Waisen= und

---

[1] Die Armenstatistik von 1885 weist 288 852 Personen als „in Folge Todes des Ernährers" unterstützt auf. Dies werden zum größten Teil Kinder sein. Entsprechend dem Zuwachs der Bevölkerung würden unter diese Rubrik heute circa 320 000 Personen fallen, d. i. 0,6 % der Bevölkerung. Für das deutsche Reich wird man nicht weniger als 300 000 in Armenunterstützung stehende Waisen und verlassene Kinder annehmen dürfen.

Rettungsanstalten der freien Liebesthätigkeit. Im Gegenteil sollte der Kreis an alles dies anknüpfen. Der Kreis soll nur der Vermittler sein zwischen diesen Einrichtungen und sich ihrer bedienen, und wo sie fehlen, sie ins Leben rufen. Er soll nachahmen die Thätigkeit eines Erziehungsvereins, dessen Arbeitsgebiet sich über die Gemeindegrenzen hinaus erstreckt. Alle guten Erziehungsvereine greifen in der Auswahl der Pflegefamilien und Erziehungsanstalten über die Gemeinde und Kreisgrenze hinaus, oft weit hinaus. Sie können dies durch ihre örtlichen Vertrauensmänner. So sollte auch der Kreis mit den ihm anvertrauten Waisen verfahren. Das ist eine wahrhaft produktive Anlage der Kreismittel. Das bringt auch die Kreisbeamten mehr ins praktische sociale Leben wie bisher. Diese persönliche Teilnahme der Kreisbeamten an der ausübenden Armenpflege leitet die Aufmerksamkeit derselben auch mehr auf die Armenpflege der Gemeinden überhaupt hin und befähigt sie dadurch mehr und verleiht ihnen auch mehr Interesse dazu, die örtliche Aufsicht über die Gemeindearmenpflege zu führen — auch eine alte Forderung des Deutschen Vereins für Armenpflege und Wohlthätigkeit.

Die Kosten der Kreiswaisenpflege wären ähnlich zu verteilen, wie die Kosten des Gesetzes vom 11. Juli 1891; ähnlich würde auch der Geschäftsgang sich gestalten: der Kreis besorgt die Arbeit der Unterbringung der Kinder in Anstalten oder Familien, er besorgt die Lehrstellen, tritt mit den Waisenräten, Geistlichen u. s. w. in Verbindung und trägt vorläufig die ganzen Kosten. Etwa ein Drittel der tarifmäßig festzustellenden Specialkosten würde die Gemeinde des Unterstützungswohnsitzes zu tragen haben. In Erwägung zu ziehen wäre, ob die Landarmenverbände sich mit einer Quote an den Kosten der Kreise pro Kopf des Unterstützten beteiligten sollen. Dies würde auch eine Erleichterung der größeren Städte in der Waisenpflege bedeuten.

Daß mit dieser Maßnahme eine große Verbesserung der ländlichen Waisenpflege verbunden ist, liegt auf der Hand. Ob jetzt der Moment gekommen ist, Anträge an die gesetzgebenden Faktoren zu richten, mag zweifelhaft sein. Die Kreisordnung gestattet aber heute schon den Kreisen, freiwillig diese Arbeit zu übernehmen, und es wäre von nicht geringer Bedeutung, wenn der Deutsche Verein für Armenpflege und Wohlthätigkeit

a. beschließen wollte:

"Es ist dringend wünschenswert, daß die Kreise freiwillig die Waisenpflege, welche gesetzlich den Gemeinden ihres Bezirkes obliegt, übernehmen und von den Gemeinden nur eine Quote der Specialkosten einziehen."

b. diesen Beschluß mit Motiven allen Kreisverbänden zur Kenntnis bringen wollte.

Anlage II.

Berechnung
der Armenkosten für eine Anzahl rheinischer Ortsarmenverbände pro Kopf der Bevölkerung.

Als Stichproben sind Ortsarmenverbände ausgewählt aus jedem der 5 Regierungsbezirke, und zwar solche von verschiedenem Umfang und von verschiedenen Erwerbsverhältnissen. (Landwirtschaft, Industrie.) Für die Jahre 1893/94 und 1894/95 ist die Bevölkerung vom 1. Dezember 1890, für die Jahre 1895/96 und 1896/97 ist die Bevölkerung vom 2. Dezember 1895 zu Grunde gelegt.

Ort	1893/94	1894/95	1895/96	1896/97	Ort	1893/94	1894/95	1895/96	1896/97
I. Ortsarmenverbände über 100 000 Einwohner.					Neuwied	4,63	4,82	3,91	4,09
Köln	5,12	5,22	4,73	4,80	Mayen	2,50	2,60	2,36	2 36
Düsseldorf	4,50	4,90	5,00	5,60	Vilich	1,77	1,88	1,50	1 80
Elberfeld	3,90	4,26	3,77	3,60	Steele	3,08	3,08	2,50	2,70
Barmen	3,05	3,07	2,75	—	V. Gladbach	3,58	3,80	3,10	3,40
Aachen	6,94	7,04	6,67	6,59	Bensberg	2,60	2,10	2,20	2,60
Crefeld	5,20	5,65	4,74	4,20	**IV. Ortsarmenverbände von 5—10 000 Einwohner.**				
II. Ortsarmenverbände von 40—100 000 Einwohner.					Euskirchen	5,55	5,44	5,20	5,01
Essen	2,88	2,81	2,80	—	Emmerich	2,58	3,25	3,13	3,13
Duisburg	3,00	3,15	2,66	2,54	Werden	3,18	2,72	2,84	2,95
M.-Gladbach	4,00	4,52	3,81	3,74	Hilden	2,67	2,90	3,14	2,90
Remscheid	2,64	2,80	2,40	2,40	Wetzlar	4,32	4,57	4,79	4,52
Bonn	5,27	5,35	4,77	4,93	Fischeln	2,69	2,83	2,25	2,25
Coblenz	6,05	5,70	5,40	5,52	Stoppenberg	3,07	2,97	2,70	2,58
Altendorf	2,37	2,09	1,90	1,67	Rodenkirchen	2,17	1,74	1,94	2,22
Solingen	4,65	4,00	3,37	—	Gerresheim	4,30	4,58	4,86	4,44
Trier	6,90	7,00	6,80	6,63	Poppelsdorf	7,69	7,30	6,32	6,61
III. Ortsarmenverbände von 10—40 000 Einwohner.					Ratingen	2,22	2,09	1,94	1,80
Mühlheim a. R.	3,42	3,80	3,42	—	Eitorf	2,03	2,20	1,82	2,42
Vorbeck	2,20	2,00	1,90	2,11	**V. Ortsarmenverbände von 2—5000 Einwohner.**				
Mülheim a. R.	3,57	3,14	2,71	2,87	Büsbach	1,72	2,07	1,80	1,64
Oberhausen	3,12	3,04	2,93	3,60	Eilendorf	2,20	2,60	2,13	2,29
Neuß	4,85	5,17	4,77	4,70	Forst	1,95	1,95	1,44	1,48
Meiderich	2,70	2,80	2,27	2,04	Boppard	4,17	3,93	3,22	2,93
Düren	4,97	4,64	4,00	3,88	Kirn	1,29	1,09	1,05	1,54
Malstatt	0,95	0,89	0,79	0,91	Geldern	2,18	2,36	2,50	2,32
Neunkirchen	1,44	1,72	1,54	1,59	Wipperfürth	2,68	2,86	3,09	2,90
Altenessen	2,06	1,61	1,40	1,80	Waldbröl	1,61	1,58	1,33	1,35
Beeck	2,15	2,54	1,78	1,95	Zülpich	3,33	3,33	3,15	3,15
Kreuznach	2,94	2,94	3,26	3,00	Bendorf	3,40	3,80	4,36	3,60
Eschweiler	3,88	3,88	4,16	3,90	Heddesdorf	2,50	2,29	2,40	2,60
St. Johann	1,33	1,53	0,94	1,29	Malmedy	2,50	1,86	2,02	2,40
Velbert	2,36	2,14	1,88	1,76	Dillingen	0,83	1,00	0,88	0,93
Kalk	2,14	2,57	1,87	2,25	Cochem	2,88	2,49	2,80	2,70
Eupen	6,46	6,13	6,00	6,20	Linz	4,24	3,94	3,82	3,82
Stolberg	2,92	3,46	3,50	3,64	Brand	1,33	1,50	1,50	1,23
Dudweiler	1,25	1,50	1,08	1,08	Barbenberg	1,88	1,88	1,76	1,88
M.-Gladbach (Land)	1,90	2,30	2,00	2,40	Birkesdorf	3,04	3,25	2,97	3,45
Hardenberg	2,42	3,00	2,75	2,58	Heinsberg	2,76	3,43	2,86	1,30
Cleve	4,90	4,90	4,27	4,00	Simmern	0,95	0,95	0,86	1,00
Gummersbach	1,70	1,60	1,55	1,36	Weißenthurm	1,08	1,08	1,00	1,75
Siegburg	2,65	3,01	2,36	2,09	Montjoie	2,15	2,20	2,25	2,50
					Saarburg	1,35	2,30	2,50	3,10

Anlage III.

Auszug

aus dem Vierteljahrsheft zur Statistik des Deutschen Reiches 1897 II, Seite 22—25 und Seite 31.

Tabelle II.

Selbstunterstützte Land- und Ortsarme, sowie Aufwand für dieselben in den Land- und Ortsarmenverbänden, für welche Angaben über sämtliche Berichtsjahre vorliegen.

b) Relative Zahlen.

Armenverbände	Auf 100 Einwohner kommen Armenaufwendungen im Jahre	
	1885 ℳ	1893 ℳ
2. Städtische Ortsarmenverbände.		
Provinz Ostpreußen	260,00	255,89
Reg.-Bez. Köslin	153,42	155,60
„ Liegnitz	168,37	164,88
„ Stade	306,72	262,65
„ Aurich	212,94	202,90
„ Wiesbaden	333,46	319,97
„ Düsseldorf	326,26	305,10
Hohenzollern	222,75	184,98
Oberbayern	229,89	224,75
Oberpfalz	278,86	252,70
Oberfranken	180,73	156,39
Mittelfranken	277,32	267,99
Schwaben	226,26	192,39
Sachsen-Weimar	58,98	58,16
Herzogtum Oldenburg	256,40	227,21
Fürstentum Lübeck	251,12	251,88
„ Birkenfeld	174,54	166,86
Braunschweig	197,22	199,24
3. Ländliche Ortsarmenverbände.		
Reg.-Bez. Hannover	42,74	40,64
„ Aurich	161,55	138,13
„ Wiesbaden	77,30	75,63
„ Aachen	151,58	166,50
„ Hessen	65,73	60,91
Herzogtum Oldenburg	229,23	213,82
Fürstentum Lübeck	281,81	275,67
„ Birkenfeld	146,30	122,84
„ Waldeck	40,29	36,19

Tabelle III.

Selbstunterstützte Land- und Ortsarme, sowie Aufwand für dieselben in 92 städtischen und ländlichen Ortsarmenverbänden mit mehr als 10000 Einwohnern.

b) Relative Zahlen.

Städtische und ländliche Ortsarmenverbände			Auf 100 Einwohner kommen Armenaufwendungen im Jahre	
			1885 ℳ	1893 ℳ
Schweidnitz	Reg.-Bez.	Breslau	162,40	157,98
Beuthen	"	Oppeln	118,12	117,05
Kiel	"	Schleswig	311,67	281,48
Hildesheim	"	Hildesheim	303,39	274,29
Goslar	"	"	213,44	125,60
Osnabrück	"	Osnabrück	262,61	264,84
Kreuznach	"	Coblenz	289,76	241,36
Barmen	"	Düsseldorf	367,60	336,92
Essen	"	"	404,69	361,79
Duisburg	"	"	291,29	265,31
M.-Gladbach	"	"	380,60	379,68
Altendorf (l. B.)	"	"	382,05	255,72
Oberhausen	"	"	238,03	226,91
Radevormwald	"	"	259,28	259,19
Ronsdorf	"	"	297,88	238,59
Wermelskirchen	"	"	190,88	190,98
Köln	"	Köln	481,50	424,08
Mülheim a. Rh.	"	"	275,16	259,00
Kalk	"	"	274,81	214,74
Oschatz			176,68	161,44
Reichenbach			202,02	167,81
Crimmitschau			125,38	114,92
Zittau			319,69	242,59
Karlsruhe			227,41	217,57
Mannheim			389,57	284,38
Pforzheim			241,59	222,92
Konstanz			234,69	197,89
Rastatt			—	42,12
Rostock			400,17	329,49
Wismar			367,34	358,80
Wolfenbüttel			203,95	183,84
Koburg			209,67	189,48
Dessau			193,12	188,03
Köthen			197,40	169,12
Gera			169,62	156,75
Detmold			129,81	129,09
Lübeck			163,65	163,28
Straßburg			310,94	297,14
Mülhausen			310,44	311,51
Hagenau			514,51	400,29
Saargemünd			127,35	55,76

Die Beteiligung größerer Verbände an der Armenlast in den deutschen Staaten, abgesehen vom Königreich Preußen.

Von Finanzrat Dr. F. W. R. Zimmermann, Vorstand des statistischen Bureaus des Herzoglichen Staatsministeriums in Braunschweig.

Mir ist die Aufgabe geworden, die Beteiligung der größeren Verbände an der Armenlast, wie sich dieselbe in den deutschen Staaten, abgesehen von dem durch den Herrn Hauptreferenten behandelten Königreich Preußen, in der Gesetzgebung und thatsächlich ausgestaltet hat, näher zur Darstellung zu bringen. Vorweg muß ich bemerken, daß ich dabei für die Bestimmung des Begriffs „größere Verbände" lediglich den Gegensatz zu der Ortsgemeinde, welche ja doch fast durchweg im Deutschen Reiche die eigentliche Trägerin der Armenpflege bildet, maßgebend sein lasse, ich verstehe also unter größerem Verband hier alles, was in der landesgesetzlichen Verwaltungsorganisation überhaupt über der Ortsgemeinde steht, mithin Amt, Kreis, Distrikt, Bezirk, Provinz 2c. Eine Art Mittelding würden dabei die Gesamtverbände, die in den Ausführungsgesetzen der einzelnen Staaten zu dem Reichsgesetz über den Unterstützungswohnsitz vom 6. Juni 1870 ziemlich regelmäßig im Anschluß an den § 3 des letztgenannten Gesetzes besondere Berücksichtigung gefunden haben, insofern bilden, als sie nach dem angeführten § 3 des Unterstützungswohnsitzgesetzes zwar die erste und eigentliche Trägerin der Armenpflege darstellen, aber doch aus einer Mehrheit von Gemeinden zusammengesetzt sind und eventuell die Verwaltung ihrer gemeinsamen Armenpflege nach den gesetzlichen Vorschriften über die Verwaltung der Angelegenheiten in den Kommunalverbänden vorzunehmen haben werden. Diesem Mittelding des Gesamtarmenverbandes brauchte nun aber hier eine weitere Beachtung nicht geschenkt zu werden, denn in den von mir nur zu behandelnden deutschen Staaten abgesehen vom Königreich Preußen ist der Gesamtarmenverband im wesentlichen lediglich ein theoretisches Gebilde in der Gesetzgebung geblieben, er hat eine beachtenswerte Bedeutung in der Praxis überall nicht erlangt;

wo er ausnahmsweise wirklich einmal gebildet ist, beruht er lediglich auf besonderen örtlichen Verhältnissen und bewegt sich über die Schranken des sonstigen Ortsarmenverbandes nicht hinaus, so daß er also der Ortsgemeinde an sich principiell ganz gleich steht. Jedenfalls kann dabei dasjenige, was in der vorliegenden Sachbehandlung den eigentlichen Kernpunkt bildet, daß der größere Verband durch Übernahme gewisser Teile der Armenpflege nicht nur diese Teile besser und sachgemäßer ausgestaltet, sondern auch den Ortsarmenverbänden die intensivere Ausbildung der ihnen verbliebenen Armenpflege ermöglicht, daß mithin dem Armenwesen im ganzen eine wesentliche Förderung zu teil wird, nicht in Frage kommen. Die Gesamtarmenverbände können demnach hier unberücksichtigt gelassen werden.

Über die so wesentliche Bedeutung, welche die Beteiligung größerer Verbände an der Armenpflege und besonders auch der Armenlast für die ganze Ausgestaltung des Armenwesens eines Staates, für die Ermöglichung einer intensiveren Wirksamkeit, für die größere Ausbildung jedes einzelnen Zweiges der Armenpflege 2c. hat, brauche ich näheres wohl nicht auszuführen. Schon auf der Versammlung des Deutschen Vereins für Armenpflege und Wohlthätigkeit im Jahre 1882 zu Darmstadt ist diese Frage von unserem verehrten jetzigen Herrn Vorsitzenden bei Behandlung der Organisation der Armenpflege in den Gemeinden, insbesondere in den kleineren Verbänden, specieller berührt worden. In ihr gipfelt sodann eigentlich das Endresultat der vom Verein angestellten Untersuchungen und Verhandlungen über die ländliche Armenpflege und ihre Reform, welche unter der eifrigen und umsichtigen Leitung des leider uns zu früh genommenen Herrn Bezirkspräsidenten Freiherrn von Reitzenstein mit ganz besonderer Gründlichkeit und Genauigkeit geführt wurden; die in elf Paragraphen gefaßten Thesen, welche auf der Vereinsversammlung zu Stuttgart im Jahre 1886 als Abschluß jener Untersuchungen zur Annahme gelangten, sprechen fast in jedem einzelnen Satz das Bedürfnis einer Beteiligung der größeren Verbände an der Armenpflege aus, ein Bedürfnis, welches ja allerdings gerade für die ländliche Armenpflege von einer ganz besonderen Bedeutung sein muß, weil es sich bei letzterer doch immer mehr oder weniger um geringer leistungsfähige Ortsarmenverbände handelt, bezüglich deren eine weitere Unterstützung in erster Linie angebracht erscheinen wird. Eine weitere Behandlung der Bedeutung der Beteiligung der größeren Verbände an der Armenpflege, die zudem wahrscheinlich auch schon von dem Herrn Hauptreferenten berührt sein wird, würde mithin im wesentlichen nur eine Wiederholung des schon zur Genüge Behandelten bieten und kann dieserhalb unterbleiben.

Der § 8 des Reichsgesetzes über den Unterstützungswohnsitz überläßt den Landesgesetzen die Bestimmung „über die Zusammensetzung und Einrichtung der Ortsarmenverbände und der Landesarmenverbände, über die Art und das Maß der im Falle der Hilfsbedürftigkeit zu gewährenden öffentlichen Unterstützung, über die Beschaffung der erforderlichen Mittel, darüber in welchen Fällen und in welcher Weise den Ortsarmenverbänden von den Landarmenverbänden oder von anderen Stellen eine Beihilfe zu gewähren ist, und endlich darüber, ob und inwiefern sich die Landarmenverbände der Ortsarmenverbände als ihrer Organe behufs der öffentlichen Unterstützung Hilfs=

bedürftiger bedienen dürfen". Damit ist also das hier in Frage stehende Gebiet gänzlich der reichsgesetzlichen näheren Regelung entrückt worden, es kommen für dasselbe lediglich die Landesgesetzgebungen der einzelnen deutschen Staaten in Betracht, welche natürlich die bezügliche Regelung den für sie gegebenen Sonderverhältnissen angegliedert und demnach in mehr oder weniger bunter Mannigfaltigkeit vorgenommen haben. Gerade dieser Umstand muß aber wieder dafür bestimmend sein, daß bei der Frage der Beteiligung der größeren Armenverbände an der Armenpflege nicht nur der Stand in dem vorwiegenden Gebiet des Deutschen Reiches zur Betrachtung gezogen wird, sondern daß alle die einzelnen Regelungen, wenn sie auch nur für kleinere Gebiete erfolgt sind, berücksichtigt werden, daß mithin nicht nur die Verhältnisse im Königreich Preußen, sondern auch die in den übrigen Staaten des Deutschen Reiches speciell berührt werden. Es handelt sich hier eben um eine Reihe von Lösungen ein und derselben Frage, wie sie in den einzelnen Staaten in verschiedener Weise stattgefunden haben; alle diese besonderen Lösungen dürften aber zum mindesten theoretisch auf ein Interesse Anspruch machen, wenn ja auch nicht zu verkennen ist, daß das Interesse bezüglich des größten deutschen Staates schon an sich ein erhöhtes sein muß, auch ganz abgesehen von dem Umstande, daß hier für die große Mehrheit der Vereinsmitglieder das allgemeine mehr theoretische Sachinteresse mit dem besonderen eigenen vorwiegend praktischen Interesse zusammenfällt. Dazu kommt noch, daß für ein größeres Gebiet, wie das des Königreichs Preußen, vermöge der vorhandenen verschiedenartigen Organisationen in den einzelnen Gebietsteilen eine Frage, wie die der Beteiligung der größeren Verbände an der Armenpflege, ungleich schwerer zu lösen sein wird, wie für ein kleineres, einheitlich organisiertes; es wird dieses gewiß auch ein bestimmender Grund gewesen sein, weshalb das Reich darauf verzichtet hat, hier die einheitliche Regelung selbst in die Hand zu nehmen. Die Beteiligung der größeren Verbände an der Armenpflege muß immer ganz unmittelbar mit der in dem einzelnen Staate bestehenden Verwaltungsorganisation im Zusammenhang stehen und ist daher durch diese ganz wesentlich bedingt; von sehr vorwiegender und nicht zu unterschätzender Bedeutung ist dabei auch die finanzielle Seite, die Art und Weise und die Höhe, wie die größeren Verbände, welche zur Armenpflege herangezogen werden sollen, finanziell dotiert sind, über welche Mittel sie regelmäßig verfügen können, wie diese Mittel sonst in Anspruch genommen sind 2c. Je nach der verschiedenartigen Gestaltung aller dieser besonderen Verhältnisse wird sich aber auch die Beteiligung der größeren Verbände an der Armenpflege verschiedenartig regeln lassen, hier leichter, dort schwerer, hier in umfangreicherem, dort in beschränkterem Maße. Für die einzelnen Staaten des Deutschen Reiches tritt nun aber diese Verschiedenartigkeit, eben weil die Abweichungen in den maßgebenden Unterlagen nach allen Seiten hin gegeben sind, auch in reichem Maße hervor, es sind deshalb Lösungen der zu behandelnden Frage in den verschiedensten Richtungen und in der verschiedensten Abstufung vorhanden, die bei einer eingehenden Erörterung und Erschöpfung der Frage wohl nicht unerörtert bleiben dürfen. Darin sehe ich die Begründung meines besonderen Referates neben dem Hauptreferat.

Für eine eingehendere Darstellung der gesetzlichen Vorschriften und der thatsächlichen Entwicklung bezüglich der Beteiligung größerer Verbände an der Armenpflege bot nun aber die vorhandene Litteratur verhälnismäßig nur wenig Material, das außerdem die für die fragliche Entwicklung gerade besonders wichtige neueste Zeit durchweg nicht mit umfaßte. Neben Emminghaus, Das Armenwesen und die Armengesetzgebung in den europäischen Staaten, das aber immerhin doch verhältnismäßig weit zurückliegt, waren noch am ausgiebigsten die Specialdarstellungen aus den einzelnen deutschen Staaten und Gebietsteilen, welche bei der Erörterung der ländlichen Armenpflege und ihrer Reform durch den Verein gegeben worden waren; aber seit Erstattung dieser Einzelberichte ist wiederum ein Zeitraum von zwölf Jahren verflossen, der gerade auf dem fraglichen Gebiete verschiedentlich Wandlung geschaffen; auch sonst ist in den Schriften des Deutschen Vereins für Armenpflege und Wohlthätigkeit, desgleichen auch in den besonderen statistischen Veröffentlichungen der einzelnen Staaten manches Sachdienliche für die vorliegende Frage verstreut. Für eine nach Thunlichkeit nutzbringende Bearbeitung erschien dieses aber doch nicht ausreichend zu sein. Ich bat deshalb das Herzoglich Braunschweig-Lüneburgische Staatsministerium, Departement des Innern, in dessen direktem Auftrage ich auch ständig die Vereinsversammlungen besuche, mir behuf Beschaffung eingehenderen Materials durch eine Anfrage bei den in Frage kommenden Landesregierungen behilflich zu sein, welchem Antrage auch geneigtest stattgegeben wurde. Es erging infolgedessen seitens des genannten Ministerialdepartements eine übereinstimmende Anfrage an das Herzoglich Anhaltsche Staatsministerium, das Großherzoglich Badische Ministerium des Innern, das Königlich Bayerische Staatsministerium des Innern, das Großherzoglich Hessische Ministerium des Innern, das Fürstlich Lippesche Kabinetsministerium, das Großherzoglich Mecklenburg-Schwerinsche Ministerium des Innern, das Großherzoglich Mecklenburg-Strelitzsche Staatsministerium, das Großherzoglich Oldenburgsche Staatsministerium, die Fürstlich Reußsche (älterer Linie) Landesregierung, das Fürstlich Reußsche (jüngerer Linie) Ministerium, das Königlich Sächsische Ministerium des Innern, das Herzoglich Sachsen-Altenburgsche Ministerium, Abteilung für innere Angelegenheiten, das Herzoglich Sachsen-Coburg-Gothasche Ministerium, Departement für Inneres, das Herzoglich Sachsen-Meiningensche Staatsministerium (Inneres), das Großherzoglich Sachsen-Weimar-Eisenachsche Ministerium, Departement des Innern, die Fürstlich Schaumburg-Lippesche Landesregierung, das Fürstlich Schwarzburg-Rudolstadtsche Ministerium, das Fürstlich Schwarzburg-Sondershausensche Ministerium, Abteilung für Inneres, das Fürstlich Waldecksche Landesdirektorium, das Königlich Württembergsche Staatsministerium des Innern und an das Ministerium für Elsaß-Lothringen; nach einer kurzen Zweckangabe sprechen diese Anfragen die Bitte aus, „die dort bezüglich der Verteilung der Armenlast, beziehungsweise der Beteiligung der größeren Verbände an der Armenpflege, durch Gesetz oder im Verordnungswege getroffenen Vorschriften — wenn thunlich unter Beifügung der betreffenden Gesetze 2c. — mitteilen und gleichzeitig über die damit gemachten Erfahrungen und die thatsächliche Gestaltung eventuell mit Belegung durch etwa vorhandene statistische Daten geneigtest Auskunft erteilen zu wollen". Von den sämtlichen angegangenen Behörden wurde dann die

Die Beteiligung größerer Verbände an der Armenlast in den deutschen Staaten 2c. 21

Auskunft, welche dem Verfasser stets ohne weiteres überwiesen wurde, in bereitwilligster und entgegenkommendster Weise erteilt und damit für die Bearbeitung eine Unterlage geschaffen, wie sie wohl sonst kaum zu erreichen gewesen wäre. Selbstredend sind die Antworten der einzelnen Behörden insofern teilweise voneinander abweichend, als die eine näher auf den Gegenstand eingeht, während die andere ihn etwas kürzer behandelt; namentlich ist auch eine Verschiedenheit vielfach dadurch gegeben, daß hier statistisches Material beizubringen stand, dort nicht. Infolge dieses Umstandes wird nun aber bei der späteren Besprechung der Verhältnisse in den einzelnen Staaten eine kleine Verschiedenheit zu Tage treten, die einen sind etwas eingehender behandelt als die anderen; sollten dabei vielleicht auch einige Auslassungen wesentlicher Umstände vorgekommen sein, so würden von den etwaigen Vertretern der betreffenden Staaten bei der mündlichen Behandlung des Themas auf der diesjährigen Vereinsversammlung zu Kiel ja leicht die für erforderlich zu erachtenden Ergänzungen gegeben werden können; ich würde für jede Ergänzung und Erweiterung nur zu Danke verpflichtet sein.

Wie schon die Aufzählung der um Auskunft angegangenen Landesbehörden ersehen ließ, soll meine Betrachtung sich auf sämtliche deutschen Staaten, abgesehen vom Königreich Preußen, beziehen, nur die drei freien und Hansestädte finden keine weitere Berücksichtigung, weil bei ihnen von einer Beteiligung größerer Verbände an der Armenlast in dem Sinne wie bei den übrigen Staaten wohl kaum die Rede sein kann, denn es gliedert sich bei ihnen ein an sich schon weniger erhebliches Landgebiet an eine große Stadt an, welche für das Ganze eigentlich das allein Ausschlaggebende ist, dadurch sind aber von vornherein schon ganz besondere Verhältnisse maßgebend, die die Bildung größerer Verbände, wie sie in den übrigen Staaten gegeben ist, schon an sich ausschließen dürften; mit Rücksicht hierauf glaubte ich die freien Städte hier besser außer Betracht lassen zu sollen. Dahingegen hielt ich aber eine Beschränkung auf das Geltungsgebiet des Reichsgesetzes über den Unterstützungswohnsitz nicht für angezeigt und habe deshalb das Königreich Bayern und das Reichsland Elsaß-Lothringen mit in die Bearbeitung gezogen. Bei der nunmehrigen Betrachtung im einzelnen werde ich aber diejenigen Staaten, in welchen das Reichsgesetz über den Unterstützungswohnsitz zu Geltung besteht, zunächst behandeln und daran die beiden anderen Staaten anschließen. Die erstere Hauptzahl der Staaten werde ich dann wieder in verschiedene Klassen stufenweise einteilen, je nachdem unsere Frage, die Beteiligung größerer Verbände an der Armenpflege, schärfer hervortritt; für die Bildung dieser einzelnen Klassen sind allerdings besondere Momente, welche schon an sich eine strenge Abgrenzung anzeigen würden, nicht vorhanden, die Scheidung der einzelnen Klassen voneinander ist demnach auch keine sich scharf abhebende, es handelte sich eben wesentlich nur darum, Staaten mit etwa übereinstimmenden bezüglichen Einrichtungen zusammenzufassen, wobei es wiederum sehr wohl möglich ist, daß zwei an sich nur wenig voneinander abweichende Staaten in zwei verschiedene Klassen gestellt sind, weil doch der eine sich mehr nach der einen Gruppe, der andere mehr nach der anderen Gruppe von Staaten hinzuneigen schien.

Als erste Klasse, bei welcher die Beteiligung der größeren Verbände an der Armenpflege am wenigsten hervortritt, habe ich die drei Fürstentümer Schwarzburg-Rudolstadt, Reuß älterer Linie und Schaumburg-Lippe zusammengefaßt.

Fürstentum Schwarzburg-Rudolstadt.

Die einzige gesetzliche Vorschrift, welche für das Fürstentum hier in Betracht kommt, ist die Verordnung Nr. XVI vom 23. Juni 1871, betreffend die Organe der öffentlichen Unterstützung Hilfsbedürftiger; sie bestimmt lediglich die Gemeinden als Ortsarmenverbände und schreibt weiter vor, daß das ganze Fürstentum einen Landarmenverband bilden solle, dessen Funktionen auf den Staat übernommen würden. Gesetzlich hat also der Staat lediglich die Verpflichtung des Landarmenverbandes, welche hier keinerlei weitere Ausdehnung erfahren hat. Thatsächlich beteiligt sich aber der Staat nach altem Herkommen noch weiter an der Armenpflege und zwar in mehrfacher Beziehung. Einmal unterhält er nämlich als Staatsanstalt die Landes-Heil- und Pflegeanstalt in Rudolstadt, welche lediglich der Krankenpflege dient, aber der allgemeinen Benutzung offen steht, und gewährt den Ortsarmenverbänden des Fürstentums bei Unterbringung unterstützungsbedürftiger Pfleglinge Preisermäßigung. Sodann zahlt er eine Jahresrente an die Irren-Heil- und Pflegeanstalt zu Hildburghausen, um den Ortsarmenverbänden die Unterbringung Geisteskranker zu niedrigeren Sätzen zu ermöglichen, ebenso wie er auch den Ortsarmenverbänden Beihilfen zu ihren Aufwendungen für diese Unterbringung gewährt. Endlich werden aber auch unbemittelte Gemeinden bezüglich allgemeiner größerer Armenpflegekosten speciell derer, welche für Blinden-, Taubstummen- 2c. Verpflegung, sowie für Unterbringung sittlich verwahrloster Knaben entstanden sind, aus Staatsmitteln unterstützt. Im letzten Staatshaushaltsetat sind für Armensachen 11 500 Mk. eingestellt, von welcher Summe ca. 7000 Mk. für Landarme Verwendung finden. Von den drei Landratsbezirken des Staates beteiligt sich nur derjenige von Frankenhausen an der Armenpflege; es beruht dieses aber auch nicht auf gesetzlicher Grundlage, sondern die Landgemeinden des Bezirks und die Stadt Frankenhausen haben freiwillig einen Specialverband für Armenkrankenpflege gebildet, welcher das Bezirkskrankenhaus zu Frankenhausen errichtet hat und unterhält. Eine Beteiligung der größeren Verbände an der Armenpflege ist demnach gesetzlich nicht angeordnet, wohl aber thatsächlich, wenn auch nur in beschränkter Weise, vorhanden. Darüber, ob der bestehende Zustand befriedigend sei, äußert sich das Schreiben des Fürstlichen Ministeriums nicht weiter, während das Gutachten bei der Regelung der ländlichen Armenpflege eine größere Entlastung der Ortsarmenverbände für wünschenswert erachtete.

Fürstentum Reuß älterer Linie.

Für das Fürstentum sind zwei Gesetze im Anschluß und zur Ausführung des Unterstützungswohnsitzgesetzes in Gültigkeit, einmal das Gesetz Nr. 17 vom 1. Juli 1878, die Ausführung des Bundesgesetzes über den Unterstützungswohnsitz vom 6. Juni 1870 betreffend, und ferner das Gesetz Nr. 4 vom 9. Januar 1886, die Organisation und den Geschäftsbereich des Landarmenverbandes und die in Streitigkeiten der Armenverbände entscheidenden Spruchbehörden betreffend, welches letztere Gesetz an Stelle eines im Jahre 1879 erlassenen unter vollständiger Aufhebung desselben getreten ist. Das erstere Gesetz giebt dem Landarmenverband nur die im Reichsgesetz schon ausgesprochenen Verpflichtungen und Befugnisse ohne eine weitere Ausdehnung der ersteren, das zweite dagegen gestaltet denselben zu einer regelrecht geordneten Korporation mit besonderen Organen und einem weitergehenden Wirkungskreise aus; der Landarmenverband wird gebildet aus den sämtlichen Ortsarmenverbänden des Fürstentums, seine Organe sind die Generalversammlung, in der Vertreter sämtlicher Gemeinden 2c. sich befinden, und der Landesausschuß mit einem besonderen Direktor des Landarmenverbandes. Dem Landarmenverbande wird schon im Gesetz die Einrichtung eines Landarmen- und Arbeitshauses anheimgestellt; sodann kann er innerhalb der bestehenden gesetzlichen und statutarisch festgestellten Bestimmungen auch die lokale Armenpflege in den Bereich seiner Thätigkeit ziehen, insbesondere Ortsarmenverbänden Unterstützungen gewähren und solchen vereinbarungsgemäß die Benutzung eines von ihm etwa errichteten Armen- und Arbeitshauses oder ähnlicher von ihm zur Unterbringung und Verpflegung Hilfsbedürftiger begründeter Anstalten verschaffen; durch Verfügung der Landesregierung kann dem Landarmenverbande und dessen Organen auch die Herstellung und Unterhaltung von Einrichtungen zur Verpflegung und Beherbergung hilfsbedürftiger reisender Handwerker und Arbeiter oder eine gewisse Beteiligung bei solchen Einrichtungen aufgegeben werden. Inwieweit von diesen lediglich fakultativen Befugnissen von dem Landarmenverbande bislang thatsächlich Gebrauch gemacht wurde, ist leider nicht mitgeteilt worden. Eine finanzielle Entlastung der Gemeinden ist übrigens durch die Thätigkeit des Landarmenverbandes nicht gegeben, denn die für den Landarmenverband zur Erfüllung seiner Aufgaben erforderlichen Geldmittel werden von den einzelnen Gemeinden und Gutsbezirken des Fürstentums nach dem Verhältnis der aus denselben zu entrichtenden direkten Staatssteuern aufgebracht; jeder Gemeinde- oder Gutsbezirk hat die auf ihn entfallende Beitragsquote nach dem für die Armenversorgung geltenden Beitragsfuße eventuell nach dem für die Gemeindeumlagen bestehenden Fuße aufzubringen. Den beiden Verwaltungsbezirken des Fürstentums sind irgend welche Funktionen bezüglich des Armenwesens nicht zugewiesen, der Staat beteiligt sich aber auf dem Gebiet insofern, als er einmal das Landkrankenhaus zu Greiz als eine Staatsanstalt unterhält und den Ortsarmenverbänden die Unterbringung armer Kranker in demselben zu einem ermäßigten Satze zugesteht, sowie ferner in besonderen Fällen direkt öffentliche Unterstützungen aus seinen Mitteln an Arme gewährt, auch in Notstandsfällen pekuniär helfend eingreift. Ein näheres statistisches Material ist nicht vorhanden. Im großen und ganzen ist demnach auch hier die Inanspruchnahme der größeren Verbände für die Armenpflege nur eine an sich geringe, dieselbe ist zwar gesetzlich, wenn auch in ziemlich beschränkter Weise, geordnet, aber dadurch, daß die Ortsarmenverbände wieder lediglich die Mittel für den größeren Verband aufzubringen haben, wird die finanzielle Entlastung mehr oder weniger illusorisch, während allerdings eine bessere Erfüllung der Unterstützungspflicht durch die Thätigkeit des Landarmenverbandes nicht in Abrede zu stellen sein wird, obgleich derselbe voraussichtlich doch an der Beschränktheit seiner Mittel kränkeln muß. Das thatsächliche Eingreifen des Staates kann sich so vielleicht noch als das Wesentlichste hinstellen. Nach der Mitteilung der Fürstlichen Landesregierung ist übrigens ein Bedürfnis nach Änderung oder Ergänzung der bestehenden Einrichtungen bisher nicht hervorgetreten.

Fürstentum Schaumburg-Lippe.

Als einzige gesetzliche Vorschrift kommt hier das Gesetz vom 7. März 1872 zur Ausführung des Reichsgesetzes über den Unterstützungswohnsitz vom 6. Juni 1870 in Betracht, welches die Funktionen des Landarmenverbandes, aber ohne dieselben auszudehnen, dem Staat und die Ausübung derselben der Landesregierung überträgt. Sonstige gesetzliche Bestimmungen wegen Übernahme irgend welcher Armenpflege auf größere Verbände, den Staat oder die Amtsverbände ꝛc. bestehen für das Fürstentum nicht. Die beiden Landratsamtsbezirke kommen daher auch für die Armenpflege weiter nicht in Frage, wogegen der Staat auch hier thatsächlich weiter helfend eingreift. So ist von Staatswegen mit dem Landesdirektorium der Provinz Hannover ein Abkommen getroffen, wonach Geisteskranke, geistesschwache Kinder, blinde und taubstumme Kinder Schaumburg-Lippescher Staatsangehörigkeit in den Hannoverschen Provinzialanstalten zu den gleichen Verpflegungssätzen Aufnahme finden, wie die Angehörigen der Provinz Hannover selbst; zum Ausgleich zahlt die Schaumburg-Lippesche Staatskasse für jeden aufgenommenen Kranken jährlich 120 Mk. zu den generellen Unterhaltungskosten jener Anstalten an den Provinzialverband Hannover; ob der Kranke von seiner Familie oder auf Kosten eines Ortsarmenverbandes oder des Landarmenverbandes (Staat) untergebracht ist, macht dabei keinen Unterschied. Außer diesen Beiträgen zu den generellen Unterhaltungskosten zahlt der Staat im Falle der Bedürftigkeit an Gemeinden oder Angehörige von Geisteskranken einzelne nach dem Grade der Bedürftigkeit abgestufte Beträge, die der alljährlichen Festsetzung durch den Staat unterliegen. Zur Unterbringung erblindeter Kinder in einer Anstalt zwecks Erlernung eines Handwerks werden aus einer unter Staatsverwaltung stehenden Blindenstiftung Zuschüsse gewährt. Die sämtlichen vorgedachten Aufwendungen des Staates betragen durchschnittlich alljährlich etwa 5000 Mk. Es findet sich also auch hier im wesentlichen nur ein thatsächliches Eingreifen des Staates, welches sich lediglich auf die geschlossene Armenpflege bezieht und sich immerhin doch auch nur in engeren Grenzen bewegt. Schon bei den Verhandlungen über die Reform der ländlichen Armenpflege war übrigens der derzeitige, inzwischen nicht veränderte Zustand als ein befriedigender und keine Mängel aufweisender bezeichnet worden.

Übereinstimmend ist für diese Klasse zu bemerken, daß die Staaten derselben in ihrer Gesetzgebung eine Teilnahme der größeren Verbände an der Armenpflege eigentlich nur in der Zuweisung der Verpflichtungen des Landarmenverbandes, wie sie das Reichsgesetz über den Unterstützungswohnsitz präcisiert, kennen und da, wo sie etwas darüber hinausgehen, in der Kostenaufbringung dieses Hinausgehen selbst wieder mehr oder weniger wirkungslos machen, daß aber daneben durch das thatsächliche Eingreifen des Staates eine Mitwirkung eines größeren Verbandes, wenn auch in beschränkterem Maße, gegeben ist. Daß der Staat hier der unmittelbar nach den Gemeinden Eingreifende ist, liegt wesentlich wohl an der verhältnismäßig geringeren Ausdehnung der fraglichen Staaten, mit welcher es gleicherweise auch zusammenhängt, daß der bestehende Zustand im allgemeinen als ein befriedigender erachtet wird; denn gerade bezüglich der in Frage stehenden Staaten ist ein stärkeres Hervortreten der Wirksamkeit der von Mitgliedern der Fürstenhäuser oder Landeinwohnern geschaffenen Stiftungen auf dem Gebiete der Armenpflege zu bemerken, die sich natürlich bei ihrem Konzentriertsein auf ein kleineres Territorium in erhöhterem Maße fühlbar machen muß.

Bei der zweiten Klasse tritt nun die gesetzliche Heranziehung der größeren Verbände, welche ich stets in erster Linie bei der Einrangierung in die Klassen in Rücksicht gezogen habe, zwar etwas stärker hervor, hält sich aber immerhin doch noch in recht bescheidenen Grenzen, namentlich in der Hinsicht, als die Teilnahme der größeren Verbände noch lediglich dem Belieben dieser überlassen ist. Die in Betracht zu ziehenden Staaten sind die Großherzogtümer Hessen und Sachsen-Coburg-Gotha.

Großherzogtum Hessen.

Nach dem Gesetz vom 14. Juli 1871, die Ausführung des Reichsgesetzes über den Unterstützungswohnsitz betreffend, bildet jeder der 18 Kreise des Staates einen Landarmenverband, dessen Angelegenheiten von dem Bezirksrat durch eine aus drei Mitgliedern desselben bestehende Kommission zu verwalten sind; die zur Erfüllung der Verpflichtungen der Landarmenverbände aufzubringenden Kosten sind von der betreffenden Kreiskasse zu tragen. Die Landarmenverbände sind unbeschadet der Verpflichtung der Ortsarmenverbände zur vorläufigen Unterstützung befugt, die Kosten der öffentlichen Armenpflege, welche die Fürsorge für Geisteskranke, Idioten, Sieche und Blinde verursacht, unmittelbar zu übernehmen. Sofern sich ein Ortsarmenverband außer stande befindet, den ihm obliegenden Verpflichtungen zu genügen, hat ihm auf Ansinnen der Landesbehörde der Landarmenverband eine entsprechende Beihilfe zu gewähren; ob und welche Beihilfe zu leisten ist, entscheidet endgültig der Administrativ-Justiz-Hof; die Beihilfe kann in Geld oder mittelst Bereitstellung von Pflegeanstalten oder in sonst geeigneter Weise gegeben werden. Endlich ist auch die Verpflichtung aus § 33 des Reichsgesetzes über den Unterstützungswohnsitz den Landarmenverbänden übertragen worden. Außer dem Gesetz vom 14. Juli 1871 ist sodann noch das Gesetz vom 24. Mai 1893, die Kosten der Landarmenpflege betreffend, hervorzuheben. Nach demselben werden behufs der Bestreitung der Landarmenpflege den Kreisen aus Mitteln des Staates Pauschsummen, welche in halbjährigen Beträgen zu zahlen sind, zur Verfügung gestellt; diese Pauschsummen bestehen in der Hälfte der Beträge, welche von den einzelnen Kreisen in Erfüllung der ihnen als Landarmenverbänden gesetzlich obliegenden Verpflichtungen im Durchschnitt der der jeweiligen Festsetzung vorausgegangenen drei Rechnungsjahre verausgabt worden sind; bezüglich des Festsetzungsverfahrens sind sodann noch nähere Bestimmungen getroffen. Weitere gesetzliche Vorschriften bestehen nicht.

Die Verpflichtung der Kreise über das gewöhnliche Maß der Landarmen=
pflicht hinaus beschränkt sich danach im wesentlichen auf die Subventionierung
der über ihr Vermögen belasteten Gemeinden, die ungleich weiter gehende
Fürsorge für Geisteskranke 2c. zu übernehmen, ist lediglich in ihr Ermessen
gestellt. Wie die Verhandlungen in der zweiten Kammer der Landstände bei
Beratung des angeführten Gesetzes vom 24. Mai 1893, welche sich haupt=
sächlich darum drehten, ob nicht zweckentsprechender an Stelle der Kreise die
Provinzen als die leistungsfähigeren Verbände oder auch der Staat mit den
Funktionen der Landarmenverbände zu betrauen wären, ersehen lassen, haben
die Kreise von der in Frage stehenden Übernahmebefugnis, soweit es sich
dabei um die Errichtung von Anstalten handelte, nur in untergeordneter
Weise Gebrauch gemacht, während andererseits eine gewisse Fürsorge für
Geisteskranke, Idioten und Blinde nach den Berichten bei der Erörterung
der ländlichen Armenpflege schon in vielen Kreisen zur Anwendung gebracht
ist. Die Kosten, welche die Kreise für das Armenwesen aufgebracht haben,
beliefen sich im Durchschnitt für die Jahre 1887/88, 1888/89 und 1889/90
auf jährlich 92454 Mk. oder auf 0,10 Mk. auf den Kopf der Bevölkerung;
als sehr erheblich können danach die Aufwendungen der Kreise für Geistes=
kranke 2c. nicht bezeichnet werden; für die einzelnen Kreise bieten übrigens
die Aufwendungen der Landarmenverbände nicht unwesentliche Verschieden=
heiten, denn das Maximum der Aufwendung eines Kreises stellt sich nach
dem berührten Durchschnitt auf 0,16 Mk. für den Kopf der Bevölkerung,
das Minimum jedoch nur auf 0,02 Mk. Die der Staatskasse nach dem
Gesetz vom 24. Mai 1893 erwachsenen Ausgaben beliefen sich in der drei=
jährigen Finanzperiode 1894/97 auf 54581 Mk. Neben dieser direkt oder
indirekt auf Gesetz beruhenden Wirksamkeit der größeren Verbände in der
Armenpflege kommt dann auch hier noch eine weitere faktische Thätigkeit in
Betracht. In dieser Richtung ist zunächst die Errichtung eines Siechenhauses
seitens der Provinz Rheinhessen hervorzuheben; die Provinz ist hier für die
Kreise als die Landarmenverbände eingetreten, da nach der Kreisordnung
für das Großherzogtum Hessen unter Umständen größere Anstalten auch für
die Provinzen gemeinsam errichtet werden können. Dann entfaltet aber auch
der Staat eine nicht zu unterschätzende Thätigkeit. Er errichtet und unterhält
die Heil= und Pflegeanstalten für Geisteskranke; die Armenverbände haben
für ihre Pfleglinge ein verhältnismäßig geringes Pflegegeld, den geringsten
Satz der für die betreffende Verpflegungskasse normierten Beträge, zu bezahlen;
in der dreijährigen Finanzperiode 1888/91 beliefen sich die etatsmäßigen
Ausgaben für das Landeshospital Hofheim auf 244089 Mk., die für die
Landesirrenanstalt Heppenheim auf 347902 Mk. Die Blindenanstalt zu
Friedberg, in welcher bildungsfähige Blinde im schulpflichtigen Alter und
noch einige Jahre darüber hinaus aufgenommen werden, wird staatlich unter=
halten und steht den Armenverbänden gegen Zahlung eines bestimmten
Beitrags zu den Verpflegungskosten zur Verfügung; die Aufwendungen des
Staates für die Anstalt betrugen in der oben bezeichneten Finanzperiode
33121 Mk. Für den Unterricht taubstummer Kinder bestehen zwei staatliche
Anstalten, zu Friedberg und Bensheim; die Armenverbände haben für die
Unterbringung einen Teil der Pflegekosten zu ersetzen, während der Rest vom

Staat getragen wird; der etatsmäßige Aufwand für beide Anstalten stellte sich in der bezüglichen Finanzperiode auf 121 211 Mk. Ferner ist die Waisenpflege im Großherzogtum Hessen, sofern es sich um Staatsangehörige desselben handelt, Staatsangelegenheit, ihr dient vorwiegend die Landeswaisenanstalt, für welche in der berührten Finanzperiode 583 296 Mk. verausgabt wurden. Endlich hat die Regierung auch noch einen Fonds für unmittelbare Unterstützungen, die Staatsunterstützungskasse, welche mit 72 000 Mk. in der Finanzperiode dotiert ist.

Großherzogtum Sachsen-Coburg-Gotha.

Die einzige in Frage kommende gesetzliche Regelung bildet hier das für beide Herzogtümer erlassene Gesetz vom 31. Mai 1871, die Ausführung des Bundesgesetzes über den Unterstützungswohnsitz betreffend. Nach demselben bildet jedes der beiden Herzogtümer Coburg und Gotha einen Landarmenverband, doch sind diesen Landarmenverbänden Verpflichtungen über das reichsgesetzliche Maß hinaus nicht auferlegt worden; die Ausgaben werden von der Staatskasse des betreffenden Herzogtums getragen. Daneben ist aber der Staatskasse noch eine weitergehende Verpflichtung gesetzlich auferlegt worden, indem denjenigen Ortsarmenverbänden, welche den ihnen obliegenden Verpflichtungen zu genügen unvermögend sind, die erforderliche Beihilfe aus der Staatskasse des betreffenden Herzogtums in Geld oder mittelst Bereitstellung von Pflegeanstalten oder in sonst geeigneter Weise gewährt werden soll. Teils in Erfüllung dieser gesetzlich auferlegten Verpflichtung, teils aber auch wohl nach schon älterem Herkommen beteiligt sich der Staat in beiden Herzogtümern an der Armenpflege in einer schärfer hervortretenden Weise, während die größeren Verwaltungsbezirke der Herzogtümer, das eine Landratsamt von Coburg und die drei Landratsämter von Gotha, auf dem Gebiet der Armenpflege nicht mit in Thätigkeit gezogen werden. Im großen und ganzen ist auch die staatliche Beteiligung für beide Herzogtümer eine übereinstimmende. Um ihren Gemeinden die Mitbenutzung der Irrenheil- und Pflegeanstalt zu Hildburghausen und zwar die Mitbenutzung zu einem mäßigeren Satze zu ermöglichen, zahlen beide nach einem auf Staatsvertrag beruhenden Übereinkommen eine feste Jahresrente an die Hauptkasse zu Meiningen. In beiden Herzogtümern besteht ein Landarmenhaus und zwar für Coburg in Lützelbuch, für Gotha bei Langenhain; beide sind Staatsanstalten und werden vom Staate ersteres etwa mit einem Jahresaufwande von 7000 Mk. (1886), letzteres mit einem solchen von 12 000 Mk. (1886) unterhalten; sie dienen zur Aufnahme Siecher und Gebrechlicher und sind allerdings in erster Linie für die Landarmen bestimmt, doch können die Ortsarmenverbände ihre bezüglichen Unterstützungsbedürftigen gegen einen, den thatsächlichen Unkosten in keiner Weise entsprechenden Verpflegungskostenzuschuß (in Lützelbuch 100 bis 180 Mk. jährlich, innerhalb dieser Grenzen festgesetzt nach der Finanzlage des Ortsarmenverbandes und der Arbeitsfähigkeit des Aufzunehmenden) dort unterbringen. Beide Herzogtümer gewähren sodann den Ortsarmenverbänden zu den von diesen in erster Linie zu tragenden Kosten der Unterbringung von Kranken, Geisteskranken, Blinden, Taubstummen in den bezüglichen Anstalten aus Staatsmitteln je nach der

Lage des Falles geringere oder höhere Beihilfen, desgleichen auch bei Waisenversorgung. Für die Waisenversorgung speciell besteht in Coburg eine vom Staate mitverwaltete und aus der Staatskasse subventionierte Waisenversorgungskasse, welche für jedes untergebrachte Waisenkind jährlich Beiträge von 40 bis 60 Mk. gewährt; für Gotha existiert eine Waisenversorgungsanstalt, welche in ähnlicher Weise eingerichtet ist und Verpflegungsbeihilfen von 45 Mk. jährlich bewilligt. In Coburg besteht außerdem ein Landkrankenhaus als Staatsanstalt, für das der Staat jährlich 12 000 Mk. (1886) aufzuwenden hat. Das Eintreten des Staates in der Armenpflege ist mithin doch als ein vielseitiges und ausgiebiges zu bezeichnen.

Nunmehr wollen wir als nächste Klasse zwei Staaten zusammenfassen, die sich dadurch besonders abheben, daß in ihnen für einen bestimmten Teil des Staatsgebietes nach gesetzlicher Vorschrift eine Heranziehung der größeren Verbände zur Armenpflege Einführung gefunden hat. Es sind dieses die beiden Großherzogtümer Mecklenburg-Schwerin und Mecklenburg-Strelitz, in welchen sich ja vermöge der eigenartigen Gestaltung der Verfassung und Verwaltung die Gebiete des Domaniums, der Ritterschaft und der Städte vielfach gesondert gegenüberstehen; nur im Domanium, welches das landesherrliche Grundeigentum umfaßt, aber etwa die Hälfte in den beiden Großherzogtümern ausmacht, ist der Landesherr souverän, er kann deshalb auch für dieses besondere gesetzliche Vorschriften erlassen, deren Einführung für die übrigen Gebiete sich nicht durchsetzen läßt; und so ist es thatsächlich bezüglich der Regelung des Armenwesens geschehen.

Großherzogtum Mecklenburg-Schwerin.

Zuerst ist hier als allgemein für das ganze Gebiet geltend die Ausführungsverordnung vom 20. Februar 1871 zum Bundesgesetz über den Unterstützungswohnsitz vom 6. Juni 1870 zu nennen, welche aus jedem politischen Gemeinde- und Gutsbezirke einen für sich bestehenden Ortsarmenverband bildet und das ganze Gebiet des Großherzogtums zu einem einzigen Landarmenverbande vereinigt, dessen Vertretung in allen Beziehungen der dirigierenden Kommission des Landarbeitshauses zu Güstrow obliegen soll; die Funktionen des Landarmenverbandes sind im allgemeinen nicht erweitert, nur fallen demselben auch diejenigen Ausländer zur Last, welche auf Verlangen auswärtiger Staatsbehörden vom Auslande übernommen werden müssen. Daneben ist aber die revidierte Verordnung, betreffend das Armenwesen in den Großherzoglichen Domänen vom 29. Juni 1869 in Gültigkeit geblieben, welche gerade eine Beteiligung der größeren Verbände an der Armenlast für das Domanium anordnet, indem im § 1^2 derselben gewisse Kosten der Armenpflege, welche einer einzelnen Gemeinde oder Ortschaft erwachsen sind, auf die sämtlichen Gemeinden und Ortschaften des betreffenden Amtes übertragen werden. Es sind dies die Kosten der Verpflegung von Kranken in öffentlichen Heilanstalten, sofern dieselbe nach der Natur der in Frage stehenden Krankheit für die Heilung bedingend ist, die Kosten der Verwahrung gemeingefährlicher Geisteskranker in Irrenhäusern und Hospitälern, die Kosten des Aufenthaltes und Unterrichtes von bildungsfähigen Idioten (Schwachsinnigen, Blödsinnigen), Blinden und Taubstummen in öffentlichen

Heilanstalten, die Kosten einer nicht zu vermeidenden Unterstützung ortsfremder Personen, vorausgesetzt, daß für diese Kosten ein anderer Ersatz nicht zu erlangen ist. Nach einer Zusatzverordnung vom 26. Februar 1896 findet diese Vorschrift auch rücksichtlich derjenigen Kosten Anwendung, welche durch Unterbringung solcher Geisteskranken und Idioten in öffentlichen Anstalten entstehen, die nach ärztlichem Erachten der Aufnahme in eine Anstalt bedürfen, ohne daß die sonstigen Voraussetzungen des angeführten § 1² vorliegen. Eine gleiche Einrichtung für das Gebiet der Ritterschaft zu treffen, ist zwar angestrebt worden, hat sich aber bislang noch nicht erreichen lassen; für das Gebiet der Städte wird dieselbe nicht für erforderlich erachtet. Die Inanspruchnahme der größeren Verbände, der Ämter im Domanium, für die Armenpflege ist danach an und für sich als eine verhältnismäßig weitgehende anzusehen, denn ihnen ist im wesentlichen die geschlossene Armenpflege übertragen worden. Über die thatsächliche Ausführung stehen leider nähere statistische Daten nicht zur Verfügung, das Großherzogliche Ministerium des Innern bemerkt aber, daß die Übertragung der fraglichen Kosten auf die sämtlichen Gemeinden und Ortschaften des betreffenden Amtes sich als eine sehr segensreiche Maßregel erwiesen habe, da die einzelnen, oft wenig bemittelten Gemeinden die Kosten der Unterbringung ihrer Kranken in öffentlichen Heilanstalten 2c. nicht zu scheuen brauchten und da somit eine Fürsorge für die Kranken gewährleistet werde, wie sie den Kranken in vielen Fällen voraussichtlich anderenfalls nicht gewährt werden würde.

Daneben tritt nun aber auch der Staat noch in manchen Beziehungen mehr nach altem Herkommen, wie auf Grund besonderer gesetzlicher Vorschrift für die Armenpflege ein. So unterhält der Staat die Landesirrenanstalt Sachsenberg bei Schwerin, in welcher die unterstützungsbedürftigen Geisteskranken zu niedrigem Verpflegungssatze Unterkunft finden; ebenso hat der Staat bei Schwerin eine Anstalt für den Unterricht, die Erziehung und die Pflege geistesschwacher Kinder errichtet und läßt sich für solche Kinder, welche ganz oder teilweise von den Kommunen oder Behörden unterhalten werden oder deren Angehörige nachweislich ein Mehreres nicht aufbringen können, ein ermäßigtes Kostgeld von 90 Mk. pro Jahr zahlen. Staatlich ist ferner die Lehranstalt für jugendliche Blinde in Neukloster, welche für die hilfsbedürftigen, dort unterzubringenden Kinder eine namhafte Ermäßigung des festgesetzten Preises in Aussicht stellt. Um armen Taubstummen die Benutzung der Lehranstalt für jugendliche Taubstumme in Ludwigslust zu erleichtern, sind vom Staate 20 Stipendien zu resp. 90, 105 und 120 Mk. für das Jahr gestiftet worden. Endlich hat der Staat zur Unterbringung erwerbsfähiger, aber erwerbsloser Personen in Wickendorf ein Arbeitshaus errichtet, das zwar in erster Linie den Domanialarmenverbänden dienen soll, aber den von den städtischen und ritterschaftlichen Obrigkeiten zu unterstützenden Personen gegen ein Kostgeld von 15 Mk. monatlich in gleicher Weise Aufnahme gewährt. Die Leistungen des Staates für die Armenpflege sind immerhin recht beachtenswerte.

Großherzogtum Mecklenburg-Strelitz.

Namentlich bezüglich der gesetzlichen Vorschriften ist hier eine scharfe Scheidung für das Herzogtum Strelitz und das Fürstentum Ratzeburg zu machen, obwohl an sich die Verhältnisse in mancher Beziehung ziemlich übereinstimmend geordnet sind. Was das Herzogtum Strelitz anlangt, so waren hier nach der Patent-Verordnung zur Versorgung der Armen vom 27. Juli 1821 als Trägerinnen der Armenpflege die Ämter, Städte und Güter bestimmt, man hatte also für das Domanium die Armenpflege an sich schon den größeren Verbänden auferlegt. Diesen Zustand ändert dann aber die Verordnung, betreffend das Armenwesen in den Domänen des Herzogtums Strelitz vom 2. August 1864, indem sie wegen zu großer Ausdehnung der Amtsbezirke den einzelnen Ortschaften oder den zu einer Gemeinde verbundenen Ortschaften die Sorge für die Armen und Hilfsbedürftigen überträgt. Dabei sollen aber nachstehende Verpflichtungen bis auf weiteres den Amtsarmenkassen zur Last bleiben: a. das Armen-, Kranken- und Kurwesen, nur ist immer das erste Rezept vom Patienten selbst oder, wenn er bereits Armenunterstützung erhalten, von der Ortsarmenkasse zu berichtigen; b. die Kuren in öffentlichen Krankenanstalten und bei Krankheiten, deren anerkannt epidemischer Charakter besondere Veranstaltungen notwendig macht; c. die Behandlung und Detention gemeingefährlicher Geisteskranken in den betreffenden Anstalten; d. der Unterricht mittelloser Taubstummer in dem Institute, jedoch nicht deren Ausstattung mit Kleidungsstücken ꝛc.; e. Schulgelder, wo solche bisher zur Erleichterung der Einwohner vom Amte bezahlt sind; f. nach gesetzlichen Bestimmungen notwendige Aufnahme Obdachloser in das Land-Arbeitshaus; g. die gesetzliche Erstattung von Verpflegungs- und Beerdigungskosten auswärts erkrankter Amtsangehöriger, soweit nicht andere Personen rechtlich hierzu verbunden sind. Zur Bestreitung der Bedürfnisse der Ortsarmenverbände soll nach der genannten Verordnung neben einigen anderen speciell überwiesenen Einnahmen, namentlich eine Armensteuer dienen, für welche ein besonderer Tarif in einer Anlage der Verordnung, festgestellt ist; diese Armensteuer wird zunächst im Beginn jeden Rechnungsjahres einmal erhoben, dann aber noch so oft, als das Bedürfnis erfordert; dazu tritt dann aber der Staat helfend ein, indem er bestimmungsgemäß den Ortsarmenkassen in der Weise einen Zuschuß zu gewähren hat, daß er, wenn und wo die Armensteuer nur einmal jährlich erhoben wird, deren halben Betrag, wenn die Erhebung aber öfter als einmal im Jahre geschieht, deren vollen Betrag in die Ortsarmenkasse zahlt und außerdem bei besonders armen oder zahlreichen Gemeinden sowie in nicht vorauszusehenden Notfällen nach näherer Untersuchung und Bestimmung außerordentliche Zuschüsse bewilligt. In diese bestehenbleibende Ordnung des Armenwesens ist das Reichsgesetz über den Unterstützungswohnsitz durch die Ausführungsverordnung vom 20. Februar 1871 eingegliedert und zwar in der Weise, daß aus den in erster Linie mit der Armenpflege betrauten Bezirken, Gemeinden im Domanium, Städten und Gütern, zu welchen dann nach der Ergänzungsverordnung vom 10. Februar 1891 noch die in Gemäßheit der Verordnung vom 3. Juni 1890 im Kabinetsamte gebildeten Gemeinden hinzukamen,

Ortsarmenverbände und aus dem Herzogtum Strelitz ein Landarmenverband gebildet wird; die Funktionen des Landarmenverbandes, welcher von der Central=Steuer=Direktion zu Neubrandenburg vertreten wird, sind nur, gleichwie für das Großherzogtum Mecklenburg=Schwerin, insofern erweitert, als außer den nach dem Bundesgesetze über den Unterstützungswohnsitz vom Landarmenverbande zu unterstützenden Hilfsbedürftigen demselben auch diejenigen Ausländer zur Last fallen, welche auf Verlangen auswärtiger Staatsbehörden vom Auslande übernommen werden müssen.

Auch im Fürstentum Ratzeburg waren schon anfangs, und zwar nach der Landes=Verordnung wegen Abstellung der Bettelei und wegen Verpflegung einheimischer Armen vom 9. November 1808, größere Verbände aber durchweg für das ganze Gebiet mit der Armenpflege betraut, es waren dazu neun Distrikte gebildet, „welche schuldig und gehalten sein sollen, ihre Armen selbst zu versorgen," dieselben waren besonders organisiert und war ihnen zur Bestreitung der Ausgaben der Distriktsarmenkassen die Erhebung einer besonders geregelten Steuer gestattet; zu dieser Steuer wird aber wegen des Domaniums ein Viertel des Betrages dieser Steuer regelmäßig von der Landesregierung gezahlt. Nachdem sich dann aber das Bedürfnis herausgestellt hatte, diese Armendistrikte durch Überweisung gewisser Lasten derselben auf einen größeren Armenverband zu erleichtern, wurde durch die Verordnung, betreffend die Bildung eines größeren Armenverbandes im Fürstentum Ratzeburg vom 6. November 1869, aus dem gesamten Fürstentum Ratzeburg ein einziger Armenverband für folgende Lasten gebildet: 1. für die Kosten der Behandlung und Verwahrung gemeingefährlicher Geisteskranken in Irrenhäusern, Hospitälern und in der Anstalt zu einstweiliger Verwahrung; 2. für die Kosten des Aufenthalts mittelloser Taubstummer und Blinder behufs ihrer Ausbildung in einer Anstalt; 3. für die Kosten der notwendigen außerordentlichen Verpflegung armer Kranken behufs längerer Kuren in besonderen Krankenanstalten und der außerordentlichen Verpflegung von Kranken bei erheblichen Epidemien; 4. für die Kosten der nach gesetzlicher Bestimmung notwendigen Aufnahme von arbeitsscheuen Obdachlosen und von sonstigen Korrigenden in ein Landarbeitshaus. Zur Deckung der dem Armenverbande zur Last gelegten Ausgaben soll ein Teil der Einkünfte des Landesfonds überwiesen werden; sofern dies nicht ausreicht, werden die zur Ergänzung erforderlichen Mittel durch Beiträge der Armendistrikte beschafft, welche nach der Ordnung für die Distrikts=Armen=Abgaben aufzubringen sind und zu denen wiederum die Landesregierung wegen des Domaniums ein Viertel beiträgt. Die Vertretung des Fürstentums soll berufen sein, über das Armenwesen im Fürstentum, insbesondere aber über die Verwaltung desselben durch den größeren Armenverband, eine allgemeine Aufsicht zu üben, auch kann sie über die Errichtung eines Land=Armen= und Arbeitshauses für das Fürstentum, sowie über die Gewinnung und eventuell Aufbringung der dazu erforderlichen Mittel, sowie über die solcher Anstalt zu verleihenden Statuten unter landesherrlicher Genehmigung beschließen. Die Ausführungsverordnung zum Bundesgesetze über den Unterstützungswohnsitz vom 27. April 1871 ändert auch hier die bestehende Organisation mit der bisherigen Gesetzgebung nicht, sie erklärt die nach dem Gesetz von 1808 gebildeten Armen=Distrikte als Ortsarmenverbände und bildet aus dem Fürstentum Ratzeburg einen Landarmenverband, dessen Angelegenheiten gemeinschaftlich mit den Angelegenheiten des 1869 gegründeten größeren Armenverbandes durch den ständigen Ausschuß der Vertretung des Fürstentums verwaltet werden sollen und dessen Kosten aus dem Landesfonds bestritten werden; mit Rücksicht auf das Bestehen des größeren Armenverbandes lag hier keinerlei Ursache vor, die Befugnisse des Landarmenverbandes auszudehnen, nur fallen ihm auch hier diejenigen Ausländer zur Last, welche auf Verlangen auswärtiger Staatsbehörden vom Auslande übernommen werden müssen.

Danach ist also im Großherzogtum Mecklenburg-Strelitz dem Staat schon durch die gesetzlichen Vorschriften eine verhältnismäßig umfangreichere Mitwirkung auf dem Gebiete des Armenwesens gegeben. Des weiteren beschränkt sich seine Thätigkeit auch im wesentlichen auf die Unterhaltung der Irrenheilanstalt in Alt-Strelitz, in welcher hilfsbedürftige Geisteskranke zu mäßigem Kostensatze untergebracht werden können. Irgend welche zahlenmäßige Angaben über die Leistungen der verschiedenen, in der Armenpflege thätigen Verbände sind leider auch hier nicht zu erlangen gewesen.

Die durch die mecklenburgischen Großherzogtümer gebildete Klasse hat mithin zunächst das Eigenartige, daß die Armenpflege größerer Verbände nur für gewisse Gebietsteile geregelt worden ist. Für diese Gebietsteile ist dann aber die Heranziehung der größeren Verbände eine verhältnismäßig weitgehende, es ist ihnen im wesentlichen die geschlossene Armenpflege in ihrem vollen Umfange übertragen worden. Daneben tritt dann aber auch der Staat teils nach altem Herkommen, teils auf gesetzlicher Grundlage in einem weitergehenden Maße für die Armenpflege ein. Schließlich ist noch für das Fürstentum Ratzeburg die Sonderheit hervorzuheben, daß nicht die Gemeinden, sondern schon größere Verbände von vornherein zu den eigentlichen Trägern der Armenpflege gemacht sind und auch als Ortsarmenverbände erklärt wurden, eine Erscheinung, wie sie nur für einen Staat und einen Staatenteil demnächst noch zu berühren sein wird.

In die nächste Klasse habe ich nun sechs Staaten einrangiert, welche wiederum eine gleichmäßige Organisation für ihr ganzes Gebiet haben; sie zeigen unter sich zwar immerhin noch Unterschiede in der Beteiligung der größeren Verbände, aber diese scheinen doch nicht so stark und so scharf sich abhebend zu sein, als daß nochmals eine Ausscheidung als berechtigt zu erachten stand. Alle die Staaten haben aber das Gemeinsame, daß bei ihnen die größeren Verbände schon in erheblicherem Maße, namentlich auch nach specieller gesetzlicher Vorschrift auf dem Gebiete der Armenpflege in Thätigkeit gesetzt werden. Die in Frage zu ziehenden Staaten sind das Königreich Sachsen, das Herzogtum Sachsen-Weimar-Eisenach, das Herzogtum Sachsen-Altenburg, das Herzogtum Anhalt, das Fürstentum Schwarzburg-Sondershausen und das Fürstentum Reuß jüngere Linie.

Königreich Sachsen.

Im Königreich Sachsen ist noch jetzt die Armenordnung vom 22. Oktober 1840 in Geltung, welche als eigentliche Trägerin der Armenlast und Armenpflege die in der Regel aus einem Gemeindebezirk bestehenden, ausnahmsweise aus einigen kleinen benachbarten Gemeinden zusammengesetzten Heimatsbezirke hinstellt, bezüglich einer etwaigen Beteiligung größerer Verbände aber in ihrem § 30 die nachfolgende Bestimmung enthält: „Um die Ausführung solcher Maßregeln zu lohnender Beschäftigung arbeitsfähiger Armen auch für kleinere und ärmere Ortschaften und Heimatbezirke, denen es für sich allein an den hierzu erforderlichen Mitteln fehlt, für welche aber, zur möglichsten Minderung der Armut und Unterdrückung der nicht nur ihnen selbst, sondern vornehmlich auch den benachbarten Orten lästigen Bettelei, solche Veranstaltungen am allernötigsten sind, zu erleichtern, so ist zu diesem Zwecke, nicht aber zur Verabreichung von Almosen, von den Regierungsbehörden unter Vermittelung der Amtshauptleute die Association mehrerer Heimatsbezirke, insbesondere der Städte mit im Umkreise derselben gelegenen Dorfschaften zu größeren Armenbezirken und die Konstituierung gemeinschaftlicher Armenkommissionen zur Ausführung jener Maßregel zu befördern. Diese haben sich mit den Armenbehörden der einzelnen Heimatsbezirke in fortwährendem gegenseitigen Vernehmen zu erhalten, und die denselben zur Erreichung jener Zwecke erforderlichen Geldmittel sind von den Armenkassen der einzelnen vereinigten Heimatsbezirke zu beschaffen. Die näheren Bestimmungen hierüber sind Gegenstand der jedesmaligen Vereinigung". Die sächsische Armenordnung hat nun aber das Besondere, daß sie den in erster Linie von ihr zur Armenpflege berufenen Heimatsbezirken nicht nur die Fürsorge für verarmte oder der Verarmung nahe stehenden Personen überträgt, sondern gleichzeitig auch die Ausübung eines polizeilichen Zwanges gegen arbeitsscheue Personen. Und lediglich bezüglich des letzten Punktes ist jene Vereinigung einer Anzahl von Heimatsbezirken zu einem gemeinsamen Wirken im § 30 zugelassen; der Zweck der Vereinigung ist daher im wesentlichen nur, der Bettelei zu steuern und arbeitsfähige, aber arbeitsscheue in den Ortschaften der Vereinigung heimatberechtigte Arme unter gehöriger Aufsicht zur Arbeit und Ordnung anzuhalten, welcher Zweck hauptsächlich auch durch Errichtung gemeinsamer Arbeitshäuser, in welche die arbeitsscheuen Armen von ihren Heimatsgemeinden überwiesen werden, erreicht werden soll. Anfangs nach Erlaß der Armenordnung wollte es mit den Vereinigungen mehrerer Heimatsbezirke auf Grund des § 30 derselben nicht recht vorwärtsschreiten, als aber die Belästigung durch die Vagabondage und Bettelei eine immer umfangreichere wurde und man aus einigen Beispielen den guten Erfolg sah, wie durch die Vereinigung dem Unwesen in weit energischerer Weise gesteuert werden konnte, entwickelten sich die Vereinigungen in den fünfziger Jahren plötzlich in einem sehr regen Maße, so daß man 1857 schon 63 solcher durch Zusammenschluß von Landgemeinden und Rittergütern gebildeter Armenvereine zählte, welche 1147 Ortschaften bezw. Rittergüter umfaßten. War nunmehr die Bewegung in regen Fluß gekommen und nahmen die freiwilligen Vereinigungen immer mehr zu, so trat damit gleichzeitig auch ein Streben nach einem weiteren Fortschreiten auf; einmal nämlich wollte man aus den freiwilligen Vereinigungen, deren segensreiche Wirkung man zur Genüge erprobt hatte, obligatorische im Wege der Gesetzgebung machen, und ferner wollte man gleicherzeit auch den bisherigen an sich beschränkten Zweck der Vereinigungen auf ein weiteres Gebiet in der

eigentlichen Armenpflege erweitern; es wurde auch im Jahre 1858 ein
Gesetzentwurf ausgearbeitet, welcher die Bildung größerer Armenverbände
bezweckte und dem Wirkungskreis dieser neben der Abstellung und Abwehr
des Bettelwesens und der Gründung gemeinschaftlicher Armen- und Arbeitshäuser auch die Erziehung und Besserung sittlich verwahrloster Kinder, die
Veranstaltungen für gemeinschaftliche Krankenpflege, die Gründung von Spar-
kassen und die Gewährung von Beihilfen an die Ortskassen bei einzelnen
ihre Kräfte übersteigenden Unterstützungsfällen oder größeren Kalamitäten
zuwies; dieser Gesetzentwurf ist allerdings nur Entwurf geblieben und hat
Gesetzeskraft niemals erlangt. Ein weiteres Eingreifen der Gesetzgebung
erfolgte dann erst mit dem Gesetz vom 21. April 1873, die Bildung von
Bezirksverbänden und deren Vertretung betreffend. Nach § 21 dieses Gesetzes
sind Einrichtungen zum Zwecke der Armenversorgung, der öffentlichen Krankenpflege und zur Abwehr eines allgemeinen Notstandes als Bezirksangelegenheiten
erklärt worden und ist damit dem staatlichen größeren Bezirk, der Amts-
hauptmannschaft, eine Teilnahme an der Armenpflege gegeben. Man dachte
dabei an Bezirksarmenhäuser, Bezirkskrankenhäuser, die Fürsorge für bedürftige
aus Straf- und Besserungsanstalten Entlassene; später wurde die Errichtung
von Heilanstalten und Verpflegungsstationen mit Arbeitsnachweis für arme
Reisende als hierzu zu rechnen für zulässig erklärt. Durch den § 21 des
Gesetzes vom 21. April 1873 wurde an der bestehenden Gesetzgebung über
das Armenwesen nichts geändert; es konnten daher die freien Vereinigungen
(Associationen) mehrerer Heimatsbezirke nach Maßgabe des § 30 der Armenordnung von 1840, welche ja teilweise demselben Zweck dienten, fortbestehen,
wie auch nach § 23 des angeführten Gesetzes von 1873 Orte (insbesondere
größere Städte), welche für die Zwecke einer Bezirksanstalt durch örtliche
Einrichtungen bereits in ausreichender Weise Fürsorge getroffen hatten, zu
den Bezirkssteuern für Einrichtung und Unterhaltung der Bezirksanstalten
nicht heranzuziehen waren. Danach entwickelten sich die Bezirksanstalten
bald allgemein und zwar teils indem sie neu gegründet wurden, teils indem
sie aus den früheren freien Vereinigungen von mehreren Heimatsbezirken sich
herausbildeten; von den freien Vereinigungen (Associationen) blieben aber
auch verschiedene als solche bestehen. Im Jahre 1885 waren im Königreich
insgesamt 30 Bezirksanstalten vorhanden, von denen 4 auf den Kreis Bautzen,
6 auf den Kreis Dresden, 7 auf den Kreis Leipzig und 13 auf den Kreis
Zwickau entfielen; sämtliche Amtshauptmannschaften mit Ausnahme von
Großenhain und Glauchau besaßen Bezirksanstalten, die Amtshauptmannschaften
Flöha, Chemnitz, Plauen, Auerbach und Leipzig sogar je zwei solcher Anstalten. Die Organisation ist je nach der Ausdehnung, die der Bezirks-
verband seiner Thätigkeit auf dem Gebiete der Armenpflege giebt, eine
verschiedene, ebenso auch die Stellungnahme zu den Ortsarmenverbänden.
Auf diese Weise wurden aber teils durch die freien Vereinigungen, teils
durch die Bezirksverbände eine größere Anzahl von Armenanstalten hervorgerufen, welche als dem vorhandenen Bedürfnis vollauf entsprechend bezeichnet
werden. Dieselben sind dazu bestimmt, arbeitsfähige, aber arbeitsscheue,
sittlich gesunkene Individuen zur zwangsweisen Beschäftigung anzuhalten,
arbeitsunfähige, gebrechliche, geistig beschränkte Personen unterzubringen,

beziehungsweise gleichzeitig als Siechenhaus, Krankenhaus, Kindererziehungs- und Kinderbesserungsanstalt zu dienen. Soweit sie von Bezirksverbänden unterhalten werden, trägt der Bezirk in der Regel die Generalkosten (Erwerbung, Einrichtung, Erhaltung der Anstalt, Beamtengehalte, Abgaben u. s. w.), der einliefernde Ortsarmenverband die von dem Häusling verursachten, durch dessen Arbeitsverdienst nicht gedeckten Specialkosten (Lebensunterhalt, Kleidung u. s. w.); bei den Anstalten der Vereinigungen stellt sich die Sache in gleicher Weise, nur daß die Generalkosten hier durch die an der Vereinigung beteiligten Ortschaften gemeinschaftlich getragen werden. Auch auf dem Gebiete der vorbeugenden Armenpflege haben die Bezirksverbände erhebliches geleistet, z. B. Verpflegungsstationen mit Arbeitsnachweis beziehungsweise Geldgabenstellen für arme Reisende eingerichtet; ferner haben sie Verträge mit städtischen Krankenhäusern behufs Unterbringung armer kranker Landbewohner geschlossen, Freistellen in Kranken- und Siechenhäusern begründet, von Privaten oder Vereinen ins Leben gerufene Anstalten (Genesungsheime, Kindererziehungs- und Besserungsanstalten, Rettungshäuser, Arbeiterkolonien ꝛc.) unterstützt, Vereinsbestrebungen (wie die zur Förderung des Fortkommens entlassener Irrer, Blinder, Sträflinge ꝛc.) durch Geldbeihilfen gefördert und anderes mehr. Die freien Vereinigungen (Associationen) gingen jetzt auch über den ihnen eigentlich gesetzlich vorgeschriebenen Wirkungskreis hinaus und erstreckten ihre Thätigkeit auch mehr oder weniger weit auf das Gebiet der allgemeinen Armenpflege; als vorzugsweise ausgezeichnet durch seine weitgehende und nutzbringende Wirksamkeit und seine vorzügliche Organisation ist hier namentlich der Armenversorgungsverein der Amtslandschaft Meißen hervorzuheben, über den ich folgende Darstellung Dr. Victor Böhmert's deshalb einzufügen für angemessen erachte: „Die Amtslandschaft Meißen vereinigte sich im Jahre 1861 in allen ihren Bestandteilen von 26 Rittergütern und 142 Gemeinden mit einer Bevölkerung von damals etwa 26 000 Seelen zu einer Gesamtgemeinde für die Zwecke des Armenversorgungswesens. Dieser Meißener Armenversorgungsverein, welcher nach dem Hinzutritt der Gemeinde Coswig nebst Anhang gegenwärtig (1882) etwa 30 000 Einwohner umfaßt, ist jetzt in 23 (früher 22) Distrikte geteilt und beruht auf dem Grundsatz der Konzentration, dergestalt, daß die sämtlichen Ortschaften des Gerichtsamts Meißen nur eine einzige Armenkasse haben, und daß eine gemeinschaftliche Armenversorgungsanstalt besteht, zur Aufnahme von Arbeitsscheuen, von Notarmen und Kranken. Die Fürsorge für die Armen liegt in erster Linie den Gemeinden, in zweiter Linie den 23 Distriktsvereinen ob, bei welchen letzteren die Gemeindevorstände, die Rittergutsbesitzer, die Geistlichen und Lehrer mitzuwirken haben. Das Ganze der Verwaltung wird geleitet durch den Verwaltungsrat, bestehend aus sechs Personen, von denen die Hälfte von den Gemeindevorständen, die andere Hälfte von den Besitzern der Rittergüter gewählt wird. Dem Verwaltungsrat steht als kontrollierende Behörde der Vereinsausschuß zur Seite, welcher aus den Vorsitzenden der 23 Distriktsvereine besteht und eine den Stadtverordneten ähnliche Stellung einnimmt. Die jährlich zusammentretende Generalversammlung, bestehend aus den Gemeindevorständen und den Rittergutsbesitzern, beschließt über die abgelegte Jahresrechnung, über den Haushaltungsplan des neuen Verwaltungsjahres und andere wichtige Verwaltungsfragen, sowie ihr auch die Wahl der Mitglieder des Verwaltungsrats zusteht." Der Meißener Armenversorgungsverein hat einmal ein allgemeines Versorgungs- und Arbeitshaus im Dorfe Cölln bei Meißen begründet, welches mit Betsaal und Krankenhaus ausgestattet ist; dasselbe gewährt in getrennten Stationen teils den Zwangsarbeitern oder Korrektionären, teils den sogenannten Notarmen Unterkommen, d. h. solchen Armen, welche wegen ihres hohen Alters oder wegen ihrer Körpergebrechen einer speciellen Pflege bedürfen, die sie in ihren Gemeinden entweder gar nicht oder nur mit unverhältnismäßig hohen Kosten finden könnten. Daneben sind aber auch die früheren Armenhäuser in den einzelnen Gemeinden von dem Verein übernommen worden und werden zum Teil auch noch für Armenzwecke genützt. Im Jahre 1882 wurde dazu noch ein neues Krankenhaus erbaut und mit einer mustergültigen Einrichtung versehen. Die gemeinsame Vereinskasse ist in der Weise gebildet, daß ihr die Bestände des den Heimatsbezirken des Gerichtsamts Meißen am 1. Juni 1862 zuständig gewesenen Vermögens an baren Kassenbeständen, Ausständen, Immobilien ꝛc überwiesen ist, jedoch so, daß dieses Vermögen im Eigentum des einzelnen Heimatsbezirks verblieb und den einzelnen Dorfgemeinden und Gütern auch der Zinsengenuß als nächstes Deckungsmittel der von ihnen einzuliefernden Armenumlagen zukam; in die Vereinskasse flossen sodann die nach der Landarmenordnung sonst den Ortsarmenkassen zugewiesenen Einnahmen; die Ausschreibung der Armenumlagen zur Bezirksarmenkasse erfolgte zu drei Viertel des jedesmaligen Bedarfs nach dem Maßstabe der Steuereinheiten, zu ein Viertel dagegen nach der Kopfzahl der selbständigen Einwohner des Bezirks, so daß auch ein Ehepaar nur nach einem Kopfe gezählt wurde. — Die ganze Entwicklung sowohl der Armenpflege der freiwilligen Vereinigungen wie auch der der Bezirksverbände bietet schon an und für sich viel Interessantes, und es ist zu bedauern, daß hier nicht näher darauf einzugehen steht; über dieselben existiert übrigens eine ziemlich umfangreiche Litteratur, allgemeinere Darstellungen geben Rentsch in dem Armenwesen in den europäischen Staaten von Emmingshaus, Ludwig-Wolf in den Verhandlungen über die ländliche Armenpflege und ihre Reform und Böhmert in der Zeitschrift des sächsischen statistischen Bureaus namentlich Jahrgang 1882 und 1883, woselbst die specielle Litteratur näher angegeben ist.

Neben den freiwilligen Vereinigungen mehrerer Heimatsbezirke und den Bezirksverbänden der Amtshauptmannschaften ist aber wiederum auch der Staat noch als auf dem Gebiete des Armenwesens wirkend hervorzuheben. Der sächsische Staat unterhält die zur Aufnahme der nach § 362 und § 56 des Reichsstrafgesetzbuches Unterzubringenden bestimmten Korrektionsanstalten für Männer zu Hohnstein und Radeberg, die Weiberkorrektionsanstalt zu Waldheim, die Korrektionsanstalt für männliche Jugendliche zu Sachsenburg, ferner die Landesheil- und Pflegeanstalten für Geisteskranke zu Sonnenstein, Untergöltsch, Zschadraß, Hubertusburg, die Landespflegeanstalt für Geisteskranke zu Colditz, die Landesheil- und Pflegeanstalt für Epileptische zu Hohenweitschen, die Landesanstalten für Schwachsinnige zu Großhennersdorf und Nossen, die Landesblindenanstalt zu Dresden mit Außenabteilungen zu Moritzburg und Königswartha, und die Landeserziehungsanstalt für sittlich gefährdete Kinder zu Braunsdorf, er trägt ferner die Kosten für die Unterstützung Landarmer nach der Ausführungsverordnung zum Unterstützungswohnsitzgesetz vom 6. Juni 1871, welche sonst in die bestehende Organisation des Armenwesens nicht weiter eingreift und die Heimatsbezirke einfach zu Ortsarmenverbänden erklärt, und endlich giebt der Staat namhafte Beihilfen an Anstalten und Vereine zur Förderung der Erwerbsfähigkeit und Vorbeugung der Verarmung. Das Verhältnis der Armenverbände zum Staat, der jene Anstalten unterhält, ist so geregelt, daß im Mangel eigenen Vermögens oder unterhaltungspflichtiger Angehöriger der unterstützungspflichtige Armenverband die Verpflichtung hat, den Verpflegbeitrag an die Anstalt abzuführen und dieser gegenüber zu vertreten. Den Ortsarmenverbänden sind jedoch die Verpflegbeiträge für Personen, welche den Unterstützungswohnsitz bei ihnen haben, nur nach der Hälfte des stattfindenden Specialverpflegungsaufwandes zu berechnen nach Maßgabe des § 4 des Gesetzes vom 26. Mai 1834 über die Verbindlichkeit der Gemeinden, zur Verpflegung ihrer in die Landesheil- und Versorgungsanstalten aufgenommenen Armen beizutragen. Der Staat entlastet demnach die Ortsarmenverbände immerhin in wesentlicher Weise; leider fehlen auch hier nähere zahlenmäßige Nachweise.

Mit Rücksicht auf die so ausreichende thatsächliche Mitwirkung der Bezirke und des Staates beziehungsweise freier Vereinigungen an den Aufgaben der grundsätzlich den als hierfür vollauf leistungsfähig zu erachtenden Gemeinden zugewiesenen Armenpflege wird der gegebene Zustand als ein befriedigender anerkannt und ein Bedürfnis nach Abänderung als nicht vorhanden bezeichnet.

Großherzogtum Sachsen-Weimar-Eisenach.

Im Großherzogtum Sachsen-Weimar-Eisenach werden die fünf Verwaltungsbezirke zu irgend einer Thätigkeit auf dem Gebiet der Amenpflege nicht herangezogen, dagegen ist die auch gesetzlich näher festgelegte Wirksamkeit des Staates eine verhältnismäßig weitgehende. Gesetzliche Regelungen kommen dabei nur zwei in Frage, nämlich einmal das Gesetz vom 23. Februar 1872 zur Ausführung des Bundesgesetzes über den Unterstützungswohnsitz vom 6. Juni 1870 und ferner das Gesetz vom 6. März 1878, betreffend die von den Armenverbänden im Großherzogtum zu erstattenden Armenpflegekosten. Nach dem ersteren Gesetz sind die Ortsgemeindebezirke zu Ortsarmenverbänden bestimmt, die Funktionen des Landarmenverbandes werden vom Großherzogtum unmittelbar übernommen und durch eine vom Staatsministerium, Departement des Innern, zu ernennende Kommission ausgeübt; die Kosten werden natürlich vom Staat getragen. Vom Landarmenverband ist auch der innerhalb der gesetzlichen Grenzen erwachsene gesamte Unterstützungsaufwand Hilfsbedürftiger in den Fällen der §§ 30b, 33 und 60 des Reichsgesetzes über den Unterstützungswohnsitz zu bestreiten. Wesentlich ist dann aber der § 7 des Gesetzes, welcher vorschreibt: „Eine Unterstützung der Orts- oder Gesamtarmenverbände erfolgt durch Gewährung einer angemessenen Beihilfe aus der Staatskasse in Fällen der Überlastung durch die Armenversorgung nach Unserer Bewilligung und Bestimmung, wenn von dem betreffenden Bezirksausschusse die Überlastung des Armenverbandes anerkannt worden ist. Daneben bleiben die Bestimmungen wegen Übernahme des ganzen, bezüglich teilweisen Verpflegungsaufwandes hilfsbedürftiger Geisteskranken und anderer hilfsbedürftiger Kranken in einer Landesheilanstalt oder Pflegeanstalt auf die Staatskasse in Kraft." Dieser letzte Satz bezieht sich auf den § 51 des Gesetzes über die Heimatsverhältnisse vom 23. Februar 1850, welcher die Bestimmung trifft, daß unterstützungsweise eine Leistung der Staatskasse eintreten solle durch die Übernahme des ganzen Verpflegungsaufwandes, wenn die Aufnahme hilfsbedürftiger Geisteskranker in eine Landesirrenanstalt und anderer hilfsbedürftiger Kranker in ein Landkrankenhaus für notwendig erachtet wird; durch Gesetzesnachtrag vom 11. Januar 1854 war dann bestimmt worden, daß der angeführte § 51 keine Anwendung auf den Verpflegungsaufwand solcher hilfsbedürftiger Geistes- und Gemütskranker, welche in das Landeshospital zu Blankenhain aufgenommen wurden, erleide, daß vielmehr rücksichtlich dieser der Verpflegungsaufwand nur zur Hälfte auf die Staatskasse, zur anderen Hälfte aber auf die Gemeindekasse zu übernehmen sei, vorbehaltlich der Ermäßigung dieses Gemeindebeitrags auf ein Viertel bei besonders bedürftigen Gemeinden; dieser Gesetzesnachtrag ist aber durch einen zweiten Nachtrag vom 10. Dezember 1886 wieder aufgehoben worden, so daß nunmehr auch der ganze Aufwand für die in der Irrenpflegeanstalt zu Blankenhain untergebrachten hilfsbedürftigen Pfleglinge (principiell nur Unheilbare) ausschließlich der Staatskasse zur Last fällt.

Die gesetzlichen und faktischen Leistungen des Staates sind daher hier das hauptsächlich bedeutungsvolle und beziehen sich auf folgende Einzelheiten.

Zunächst sind das medizinisch=chirurgisch=klinische Institut zu Jena und die Landeskrankenhäuser zu Jena und zu Eisenach, welche der Armenkrankenpflege dienen, vom Staat errichtet und werden mit einem ansehnlichen Jahresaufwand vom Staat unterhalten; vornehmlich arme Kranke aus dem ganzen Großherzogtum finden in den Anstalten ärztliche Behandlung und sachgemäße Pflege; können die Verpflegungskosten weder von dem Kranken selbst noch von dessen alimentationspflichtigen Verwandten bestritten werden, so werden sie ganz von der Staatskasse getragen. Zur Fürsorge für die Geisteskranken ist einmal die Irrenheil- und =Pflegeanstalt zu Jena und das Karl Friedrich=Hospital zu Blankenhain bestimmt; beides sind Staatsanstalten und werden vom Staat unterhalten; in ersterer finden Geistes- und Gemütskranke aller Art Aufnahme, welche entweder Heilung hoffen lassen oder deren Unterbringung zu ihrer eigenen Sicherheit oder im öffentlichen Interesse notwendig erscheint, in letzterer werden die unheilbaren Geisteskranken verpflegt; in erstere wird jeder unbemittelte Staatsangehörige unentgeltlich aufgenommen, sofern noch Heilung oder nur Linderung zu hoffen ist, die Kosten in letzterer Anstalt trug bei gänzlicher Armut der Kranken früher des Staat mindestens zur Hälfte, jetzt aber wiederum vollständig. Bei dem Karl Friedrich=Hospital zu Blankenhain ist in einer besonderen Abteilung eine Landes=Siechenanstalt errichtet worden, in welcher Sieche und Gebrechliche gegen Zahlung eines Verpflegungssatzes von 300 Mk. jährlich in III. Klasse Aufnahme finden; bezüglich einer Verpflichtung der Staats- oder Gemeindekasse zur Übernahme dieser Kosten ist gesetzliche Bestimmung nicht getroffen. Das Blinden= und Taubstummeninstitut zu

Weimar ist eine Staatsanstalt mit dem Zwecke, bildungsfähige taubstumme und blinde Kinder zu unterrichten und zu erziehen; nach dem Gesetz vom 28. Mai 1874, welches das Princip der Schulpflichtigkeit für diese Kinder ausspricht und auch Zwangsmaßregeln zur Durchführung desselben an die Hand giebt, soll der Regel nach jedes taubstumme und jedes blinde Kind acht Jahre lang und zwar von Ostern nach vollendetem siebenten Lebensjahre ab der Anstalt angehören; die Kosten für Ausstattung und Verpflegung sind im Falle des Unvermögens von den betreffenden Schulgemeinden aufzubringen; wird eine Gemeinde dadurch überlastet, so ist ein angemessener Teil der Leistung oder nach Umständen die ganze Leistung auf die Staatskasse zu übernehmen. Endlich besteht auch für die Waisenpflege eine Staatsanstalt in der Allgemeinen Waisenversorgungsanstalt zu Weimar, welche für arme Waisen vom 6. Lebensjahre bis zur Konfirmation sorgt, gesetzlich finden aber nur eheliche vater- oder elternlose Kinder Aufnahme, durch welche aber den Armenverbänden keine weiteren Kosten erwachsen. Bezüglich der Anstaltspflege hat demnach der Staat den Ortsarmenverbänden einen wesentlichen Teil der Lasten abgenommen.

Herzogtum Sachsen-Altenburg.

In die sonst noch in Kraft bestehende allgemeine Regelung der Armenpflege im Herzogtum Sachsen-Altenburg durch das Gesetz vom 9. August 1833 über das Heimatsrecht und Armenwesen fügt die höchste Verordnung vom 3. Juni 1871 zur Ausführung des Reichsgesetzes über den Unterstützungswohnsitz vom 6. Juni 1870 die Vorschriften des letzteren sachgemäß ein und ordnet die räumliche Bildung der Ortsarmenverbände in der Weise in ihrem § 2, daß jede Stadt- bezw. Landgemeinde für sich einen Ortsarmenverband darstellt. Die Obliegenheiten des Landarmenverbandes hat nach § 5 der erwähnten Ausführungsverordnung der Staat mit der auch sonst üblichen Befugnis übernommen, die seiner Fürsorge gesetzlich anheimfallenden Personen demjenigen Ortsarmenverbande gegen Entschädigung zu überweisen, welcher nach § 28 des Gesetzes vom 6. Juni 1870 zur vorläufigen Unterstützung derselben verpflichtet ist; die Kosten trägt die Staatskasse und sind dieselben in den Staatshaushaltsetats (für die Wirtschaftsperiode 1896/98 mit 54 000 Mk.) ausgewiesen. Die Bildung von Gesamtarmenverbänden, ebenso wie auch der Wiederaustritt aus denselben war den Landgemeinden schon nach dem Gesetz vom 10. Februar 1857 § 6 gestattet worden, ohne daß aber davon irgend ein Gebrauch gemacht wäre. Die beiden über den Ortsgemeinden stehenden Verwaltungsbezirke, der Ostkreis (Landratsamt Altenburg) und der Westkreis (Landratsamt Roda) kommen auch hier für die Armenpflege nicht weiter in Betracht, wohl aber entfaltet der Staat als solcher wieder eine reichere Thätigkeit. Ein vermittelst Ministerial-Bekanntmachung vom 10. Februar 1857 in Anschluß an das schon erwähnte Gesetz vom 9. August 1833 über das Heimatsrecht und Armenwesen geschaffener allgemeiner Hilfsfonds war seither bestimmt, erstens denjenigen Gemeinden, welche durch die ihnen gesetzlich obliegende Last der Armenversorgung als in der That und nicht bloß im Verhältnis zu anderen Gemeinden überbürdet betrachtet werden müssen, Unterstützung, zweitens für gewisse, besonders be zeichnete Arten von Aufwänden aus den Gemeindearmenkassen, insbesondere bezüglich armer Körper- und Geisteskranker, Verwahrloster, blinder und taubstummer Kinder u. s. w. den Gemeinden, welche diese zu bestreiten gehabt haben, einige Vergütung, und drittens einzelnen Gemeinden in Notfällen zum Behuf der Beschäftigung verdienstloser Gemeindeangehöriger oder aus sonst dringenden Gründen nach Bedürfnis Beihilfe zu gewähren. Die Mittel für diesen Hilfsfonds wurden in den Etats gewissermaßen als Dispositionsfonds der Regierung für das Armenwesen (für die Wirtschaftsperiode 1896/98 in der Höhe von 10 000 Mk.) aufgenommen, die Abmessung der Gewährung im einzelnen Fall war dann Sache der Regierung. Neben anderen hatten besonders auch die im Laufe der Zeit hervorgetretenen, außerordentlich zahlreichen Meinungsverschiedenheiten der bezüglich des Hilfsfonds in Thätigkeit tretenden Behörden über die einzelnen Bestimmungen des für denselben erlassenen Regulativs eine anderweite Regelung und die Schaffung einer festen gesetzlichen Grundlage wünschenswert erscheinen lassen, durch welche sowohl der Umfang der außerordentlichen Armenlast, als auch das Maß der staatlichen Beteiligung an derselben genau bestimmt würde. Zu dem Zweck hat nun die Regierung den Entwurf zu einem Gesetz, den außerordentlichen Armenaufwand der Gemeinden betreffend, der Landschaft vorgelegt, dessen Annahme nach der ganzen Lage der Sache zweifellos erscheint und bei Veröffentlichung dieser Zeilen voraussichtlich schon erfolgt sein wird. In dem Entwurf ist gesagt: Die Gemeinden erhalten vom 1. Januar 1896 an, einen Staatszuschuß zu den Kosten ihres außerordentlichen Armenaufwandes. Als außerordentlicher Armenaufwand gelten die Kosten der Unterbringung von hilfsbedürftigen Körperkranken und Siechen, Geisteskranken, Idioten, Epileptischen, Taubstummen, Blinden, Krüppeln, welche einer Anstaltspflege bedürfen, in inländischen öffentlichen und privaten, sowie in ausländischen öffentlichen Heil- und Pflegeanstalten, und von schulpflichtigen Kindern gemäß § 13 Abs. 2 des Gesetzes vom 12. Februar 1889, das Volksschulwesen betreffend [1]). Zu den Kosten der Unterbringung gehören die Kosten der Ausstattung, Einlieferung, Unterhaltung und Beerdigung. Als Staatszuschuß wird die Hälfte der von der Gemeinde aus ihren Armenmitteln thatsächlich aufgewendeten Kosten gewährt; unberücksichtigt bleiben Aufwendungen, welche aus öffentlichen Mitteln oder durch Privatpersonen, Stiftungen u. s. w. erstattet sind, desgleichen Aufwendungen, wegen deren der Gemeinde ein Erstattungsanspruch zusteht; ist der Erstattungsanspruch gegen Privatpersonen

---

[1] Der § 13 des angeführten Gesetzes schreibt in seinen beiden ersten Absätzen folgendes vor: „Schulpflichtige Kinder, welche sittlich verwahrlost oder der Verwahrlosung ausgesetzt sind, können, sofern es im Interesse ihrer Erziehung oder der Volksschule dringend notwendig ist, auch außer dem Fall, welcher in § 1 des Gesetzes, die Unterbringung verwahrloster Kinder betr., vom 20. Mai 1879 besonders vorgesehen ist, auf Antrag des Schulvorstandes oder auf Antrag des Bezirksschulinspektors nach Gehör des Schulvorstandes der Erziehung der Eltern oder ihrer Stellvertreter entnommen und anderer geeigneter Pflege, nach Befinden mit Privatunterrichtserteilung, übergeben oder in einer Erziehungs- oder Besserungsanstalt untergebracht werden. Die hierdurch entstehenden Kosten sind im Fall des Nichtvorhandenseins oder des Unvermögens anderer Verpflichteter von dem unterstützungspflichtigen Armenverbande zu bestreiten."

gerichtet, so kann das Ministerium, Abteilung des Innern, die Anrechnung der Aufwendung anordnen, wenn die Gemeinde nachweist, daß die Verfolgung des Anspruchs aussichtslos ist; unberücksichtigt bleiben ferner Aufwendungen, welche über den Bereich der öffentlichen Armenpflege hinausgehen. Bei der Unterbringung in inländischen öffentlichen Anstalten, sowie bei der Unterbringung schulpflichtiger Kinder, sind die hierfür bestehenden Vorschriften zu beachten; bei der Unterbringung in inländische Privatanstalten oder ausländische öffentliche Anstalten hat die Gemeinde die vorgängige Genehmigung der Unterbringung seitens des Ministeriums, Abteilung des Innern, nachzusuchen; dem Gesuche ist ein Krankheitsbefund und ein Gutachten über die Notwendigkeit der Unterbringung von einem approbierten Arzte beizufügen; hat die Unterbringung eines Kranken mit Rücksicht auf die Natur der Verletzung oder Erkrankung bereits stattgefunden, so ist die Genehmigung nachträglich unter Beifügung eines Zeugnisses des Anstaltsarztes nachzusuchen. Die Gemeinden haben ihren außerordentlichen Armenaufwand alljährlich nach einem speciell vorgeschriebenen Muster zusammenzustellen und diese Zusammenstellungen auf dem Instanzenwege an das Ministerium, Abteilung des Innern, einzureichen; besonders bedürftigen Gemeinden kann auf Ansuchen ausnahmsweise ein Vorschuß auf den Staatszuschuß gewährt werden. — Nächstdem kommt der Staat aber auch den Ortsarmenverbänden noch durch die Unterhaltung von Anstalten zu Hilfe, in welchen die Unterstützungsbedürftigen der Armenverbände gegen mäßige Verpflegungssätze unterzubringen sind; in dieser Richtung sind hervorzuheben bezüglich der Krankenpflege die Landes-Krankenhäuser in Altenburg und Roda (für den Ost- bezw. Westkreis des Herzogtums), die Landes-Irrenanstalt und Idiotenanstalt in Roda und das Landes-Siechenhaus in Altenburg. Endlich wird den Ortsarmenverbänden auch noch dadurch staatlich Hilfe geleistet, daß nach § 105 des Gesetzes über das Heimatsrecht und Armenwesen vom 9. August 1833 seitens des Staates Armenärzte und Chirurgen angestellt und besoldet werden. Die Thätigkeit des Staates auf dem Gebiete der Armenpflege ist dementsprechend im Herzogtum Sachsen-Altenburg eine verhältnismäßig recht weitgehende und umfangreiche.

Herzogtum Anhalt.

Die grundlegende gesetzliche Regelung für die Organisation des Armenwesens ist im Herzogtum Anhalt durch das Gesetz vom 29. Juni 1871, die Ausführung des Bundesgesetzes über den Unterstützungswohnsitz betreffend, erfolgt. Nach § 4 desselben sind die Gemeinden zu Ortsarmenverbänden gemacht, sie bilden die eigentlichen Trägerinnen der Armenpflege und versehen dieselbe nach den allgemein für die Verwaltung der Gemeindeangelegenheiten gegebenen Bestimmungen; die Bildung von Gesamt-Armenverbänden ist zugelassen, hat aber keine wesentliche praktische Bedeutung erlangt. Der § 14 des Gesetzes regelt sodann den Landarmenverband in einer eigenartigen Weise, indem er eine besondere Korporation für die Zwecke desselben errichtete; aus dem gesamten Herzogtum wird ein Landarmenverband gebildet, dem die Rechte einer juristischen Person zustehen; die Verwaltung und Vertretung desselben wird einer Land-Armendirektion übertragen, für deren Zusammensetzung, Geschäftsführung pp. das Gesetz die näheren Bestimmungen trifft. Diesem korporativen Landarmenverbande werden sodann alle diejenigen Lasten, welche der Staat bislang bezüglich der Armenpflege im weiteren Sinne getragen hatte, übertragen, wogegen er aber auch eine entsprechende Dotation in einem selbständigen Fonds aus dem Landesvermögen überwiesen erhält. Der Landarmenverband ist einmal verpflichtet, die gesetzliche Unterstützung allen denjenigen, nach den Bundesgesetzen aus öffentlichen Mitteln zu unterstützenden Deutschen und Ausländern zu gewähren, zu deren Unterstützung kein Orts-Armenverband rechtlich verbunden ist (vergl. § 5, § 30, § 38 und § 60 des Bundesgesetzes). Dem Landarmenverband liegt ferner ob, denjenigen Orts-Armenverbänden, welche ohne Gefährdung des Nahrungsstandes ihrer Angehörigen, beziehentlich ohne eine außerordentliche Überlastung nicht imstande sind, den gesetzlichen Anforderungen der öffentlichen Armenpflege zu genügen, eine entsprechende Beihilfe zu gewähren; die Normen, nach welchen die Land-Armendirektion sich bei ihren Unterstützungsbewilligungen zu richten hat, und die etatsmäßigen Mittel, über welche dieselbe verfügen darf, werden von der Staatsregierung mit dem Landtage vereinbart. Auf Kosten des Land-Armenverbandes sollen endlich, beziehentlich insoweit, als nicht hierüber zwischen der Staatsregierung und den einzelnen Kreisen unter Zustimmung des Landtags besondere Abkommen getroffen werden, erhalten werden: 1. eine Irren-Heil- und -Pflegeanstalt zur Aufnahme sowohl der heilungsfähigen als der unheilbaren Irren, 2. ein Siechenhaus zur Aufnahme von Blödsinnigen, Idioten und solchen Personen, welche an Epilepsie oder an anderen unheilbaren und ekelerregenden oder ansteckenden, beziehentlich völlig hilfebedürftig machenden Krankheiten leiden, sowie nach Bedürfnis 3. eine Taubstummen-Erziehungsanstalt, 4. eine Blinden-Erziehungsanstalt, 5. eine Idioten-Erziehungsanstalt, endlich 6. Erziehungsanstalten für verwahrloste Kinder; die Verpflegungssätze, gegen welche die inländischen Orts-Armenverbände in die aufgeführten Anstalten Ortsarme unterbringen dürfen, werden von der Staatsregierung mit dem Landtage vereinbart, ebenso die allgemeinen Voraussetzungen, unter welchen ein Nachlaß an diesen Verpflegungsgeldern stattfinden darf. Dem Land-Armenverbande sind hier also im wesentlichen alle diejenigen Funktionen auf dem Gebiet der Armenpflege übertragen, welche in den kleineren Staaten sonst allgemein der Staat selbst zu übernehmen pflegt; soweit übrigens die Erträge der Land-Armenfonds-Dotation zur Bestreitung der Ausgaben für das Landarmenwesen nicht ausreichen, ist der Land-Armenverband berechtigt, Kreissteuern auszuschreiben, welche auf die einzelnen Kreise nach dem Verhältnis der für letztere festgestellten Kreissteuer-Einheit zu verteilen sind. Neben dem Land-Armenverband, welcher den ganzen Staat repräsentiert, sind nun aber auch die größeren Verwaltungsbezirke des Landes, die fünf Kreise, zu einer Thätigkeit für die Armenpflege herangezogen. Nach § 27 des oben bezeichneten Gesetzes unterliegt die Errichtung von Kreis-Krankenhäusern der Beschlußfassung der Kreisvertretungen, die Verwaltung derselben ist sodann Kreiskommunalsache; die noch im Besitz des Staates befindlichen Krankenheilanstalten werden mit Gebäulichkeiten und Inventarien den betreffenden Kreisen durch besondere Vereinbarungen überwiesen; den Kreisen liegt die Verpflichtung ob, die heilbedürftigen Landarmen in ihren Kreis-

Krankenhäusern für dieselben Sätze zu verpflegen, welche für die Verpflegung der Orts=Armen=Kranken normiert sind; die Bedingungen, unter welchen die Orts=Armenverbände ihre hilfsbedürftigen Kranken in den Heilanstalten unterbringen dürfen, sind durch Kreisstatut, beziehentlich durch besondere, unter Vermittlung der Kommunal=Aufsichtsbehörden abzuschließende Vereinbarungen zu regeln. Die Kreisvertretungen können aber nach § 29 des Gesetzes außerdem auch noch die Anlegung von gemeinsamen Kreis=Armenhäusern beschließen, in welchen die Orts=Armenverbände gegen bestimmte, durch Kreisstatut festzusetzende Verpflegungssätze diejenigen Ortsarmen unterbringen können, welchen sie die gesetzliche Armenunterstützung durch Überweisung einer ihren Kräften entsprechenden Arbeit gewähren wollen; die Anlegung, Einrichtung und Verwaltung derartiger Kreis=Armenhäuser ist sodann Kreis=Kommunalsache; die Landarmen sind den Ortsarmen gleich zu behandeln.

Diese grundlegende gesetzliche Regelung hat sodann noch durch einige weitere Gesetze eine Ergänzung gefunden. So bestimmt das Gesetz vom 29. Dezember 1873, die Einstellung verwahrloster Kinder in eine Erziehungs= und Besserungsanstalt betreffend, daß Kinder in dem Alter von 7 bis zu 12 Jahren, welche durch ihr an die Öffentlichkeit tretendes Verhalten eine solche sittliche Verwahrlosung zu erkennen geben, daß bei einem Belassen derselben in den bisherigen Erziehungsverhältnissen ein Verfallen in die Verbrecherlaufbahn zu befürchten steht, auf Antrag des Vorstandes einer Gemeinde resp. des Inhabers eines selbständigen Gutsbezirks, in welchem sie ihren Aufenthalt haben, oder der zuständigen Schulbehörde in eine Erziehungs= und Besserungsanstalt für verwahrloste Kinder nach einem näher präcisierten Verfahren eingestellt werden können; die Kosten, welche durch die Einlieferung des Kindes in die Anstalt und durch den Aufenthalt in derselben entstehen, haben zur Hälfte der Landarmenfonds und zur anderen Hälfte die Eltern des Kindes zu tragen; soweit die letzteren hierzu nicht des Vermögens sind, ist dieser Kostenanteil aus dem Vermögen des Kindes selbst zu bestreiten; soweit aber auch solchergestalt die Deckung nicht erfolgt, ist derselbe von dem Ortsarmenverbande, welchem die Armenfürsorge für den Korrigenden obliegt, zu tragen. Die vorstehende Vorschrift ist später durch das Gesetz vom 19. März 1896, betreffend die Ausdehnung und Abänderung des Gesetzes über die Einstellung verwahrloster Kinder in eine Erziehungs= und Besserungsanstalt vom 29. Dezember 1873, auch auf jugendliche Personen im Alter vom vollendeten 12. bis zum vollendeten 15. Lebensjahre ausgedehnt, welche durch ihr an die Öffentlichkeit tretendes Verhalten eine solche sittliche Verwahrlosung zu erkennen geben, daß bei einem Belassen derselben in den bisherigen Erziehungsverhältnissen zu befürchten steht, daß sie der Verbrecherlaufbahn verfallen, und ist dabei die Kostenfrage in der gleichen Weise wie in dem ergänzten Gesetz geregelt. Endlich kommt noch das Gesetz vom 1. April 1884, die Ausbildung nicht vollsinniger, schwach= oder blödsinniger Kinder betreffend, in Betracht; nach demselben müssen wiederum auf Grund eines im einzelnen genau festgelegten Verfahrens nicht vollsinnige, schwach= oder blödsinnige Kinder, sobald sie das schulpflichtige Alter erreicht haben und wegen unzulänglicher Bildungsfähigkeit in der öffentlichen Schule keine Aufnahme finden oder wieder daraus entlassen worden sind, für die Dauer des schulpflichtigen

Alters in den zur Erziehung und Ausbildung solcher Kinder bestimmten Anstalten untergebracht werden, sofern dieselben nicht entweder gänzlich bildungsunfähig sind, oder von den zu ihrer Erziehung Verpflichteten nicht auf andere Weise für die erforderliche Ausbildung derselben ausreichend Sorge getragen wird; die Kosten, welche durch die Unterbringung solcher Kinder in einer Anstalt entstehen, sind mit Einschluß der Kosten für die Einlieferung von den zur Erziehung derselben Verpflichteten zu tragen, bezw. aus dem Vermögen der Kinder selbst zu erstatten, aber von dem zur Unterstützung derselben verpflichteten Armenverbande zu verlegen; diesem bleibt es überlassen, die verlegten Kosten von den zu deren Tragung Verpflichteten wieder einzuziehen, und hat die Beitreibung derselben im Wege des Verwaltungs-Zwangsverfahrens zu erfolgen; fallen die Kosten einem Armenverbande definitiv zur Last, so sind dieselben zur Hälfte vom Landarmenfonds zu übernehmen.

Zum Schluß ist noch Einiges über die thatsächliche Gestaltung, wie sie auf Grund der vorbezeichneten Gesetzesvorschriften erfolgt ist, anzuführen. Der Land-Armenverband unterhält: 1. die Landes-Heil- und Pflegeanstalt für Geisteskranke zu Bernburg, welche einen durchschnittlichen Bestand von etwa 300 Kranken aufweist; die Orts-Armenverbände zahlen für die von ihnen untergebrachten hilfsbedürftigen Kranken einen die Verpflegungskosten nicht erreichenden Satz von 200 Mk. jährlich; die regelmäßigen finanziellen Aufwendungen des Land-Armenverbandes für die Anstalt sind nicht unerheblich, nach dem Abschluß über Einnahme und Ausgabe beim Landarmenfonds für das Rechnungsjahr 1. Juli 1895/96, den ich auch für die folgenden bezüglichen Zahlenangaben zugrunde lege, betrugen die Einnahmen aus der Anstalt 144 746 Mk., die Ausgaben für dieselbe 201 307 Mk., 2. die Landes-Siechenanstalt zu Hoym mit einem Durchschnittsbestande von etwa 240 Personen, von denen z. B. etwa 130 an Blödsinn und Epilepsie und 110 an körperlichem Siechtum leiden; die Verpflegungskosten für Ortsarme stellen sich bei Schwachsinnigen und Epileptischen auf 200 Mk., bei Altersssiechen auf 120 Mk. jährlich; die Einnahme war 62 422 Mk., die Ausgabe 102 744 Mk., 3. die Taubstummen-Anstalt zu Zerbst mit einem Durchschnittsbestande von 25 Zöglingen; die Verpflegungskosten sind für die Anstalt bezüglich der von den Armenverbänden Untergebrachten auf 105 Mk. für das Jahr angesetzt; die Einnahmen beliefen sich auf 2848 Mk., die Ausgaben dagegen auf 13 141 Mk.; 4. das Erziehungshaus für schwachsinnige Kinder zu Dessau, welches ungefähr 50 Zöglingen Aufnahme gewährt; da diese Anstalt nicht ausreicht, um sämtliche Zöglinge aus dem Herzogtum aufzunehmen, sind zufolge vom Landarmenverband getroffenen Abkommens in den Zweiganstalten des Neinstedter Elisabethstiftes, desgleichen auch in der Idiotenanstalt zu Hasserode noch weitere Zöglinge aus Anhalt untergebracht, für welche der Landarmenverband die Hälfte der Jahreskosten trägt; die Einnahmen aus dem Idiotenwesen belaufen sich auf 5705 Mk., die Ausgaben für die Idiotenerziehung aber insgesamt auf 21 264 Mk. Abgesehen von der Unterhaltung dieser Anstalten, wendete der Land-Armenverband noch auf: 35 768 Mk. für Unterstützung der Landarmen, 656 Mk. zur Beihilfe an Ortsarmenverbände und 10 099 Mk. zur Erziehung verwahrloster Kinder, welche in dem Friedrikenhaus in Waldau, dem Heinrichshaus in

Groß-Paschleben, dem Augustenhaus in Köthen und dem Friederikenstift in Ballenstedt in einer Gesamtzahl von 83 untergebracht waren. Kreiskrankenhäuser bestehen in Dessau, Zerbst, Köthen und Ballenstedt; in Bernburg wird das St. Johannis-Krankenhaus vom Kreise subventioniert; die Ortsarmenverbände können ihre Kranken in diesen Kreisanstalten zu einem unter den Selbstkosten bleibenden Verpflegungssatze unterbringen. Kreis-Armenhäuser sind, soviel bekannt, noch nicht errichtet worden.

Fürstentum Schwarzburg-Sondershausen.

Für das Fürstentum Schwarzburg-Sondershausen ist die gesetzliche Regelung ausschließlich in dem Gesetz vom 25. Juni 1872, die Ausführung des Bundesgesetzes vom 6. Juni 1870, über den Unterstützungswohnsitz betreffend, gegeben; dasselbe ist noch durch ein Gesetz vom 28. Oktober 1872, einige Abänderungen und nachträgliche Ergänzungen des Ausführungsgesetzes vom 25. Januar d. J. zum Bundesgesetze über den Unterstützungswohnsitz vom 6. Juni 1870 betreffend, ergänzt worden, aber lediglich in Beziehungen, welche hier nicht weiter in Frage kommen. Jeder Gemeindebezirk, einschließlich der zu ihm gehörigen Fürstlichen Domänen und Rittergüter, bildet einen Ortsarmenverband. Die Funktionen des Landarmenverbandes werden von dem Fürstentum unmittelbar übernommen und durch Fürstliches Ministerium, Abteilung des Innern, ausgeübt. Die Bildung von Gesamtarmenverbänden ist gesetzlich zugelassen, aber nicht praktisch geworden. Im § 6 des Gesetzes ist sodann eine weitere Beteiligung der größeren Verbände, Staat und Bezirke (drei Landratsämter), in folgender Weise vorgeschrieben: Eine Unterstützung der Orts- oder Gesamt-Armenverbände erfolgt durch Gewährung einer angemessenen Beihilfe aus der Staatskasse in Fällen der Überlastung durch die Armenversorgung nach dem Ermessen des Ministeriums, wenn von dem betreffenden Bezirksausschusse die Überlastung des Armenverbandes anerkannt worden ist. Daneben bleibt die bestehende Einrichtung, wonach die Kosten der Unterbringung und des Unterhalts mitteloser Geisteskranken in bestimmten Irrenanstalten von dem betreffenden Bezirke aufgebracht werden, in Kraft. Das dadurch gewährleistete Eingreifen des Staates bei Überlastung eines Ortsarmenverbandes muß bei der geringen Ausdehnung des Staates für ausreichend erachtet werden, um einerseits Härten, welche durch die verschiedene Inanspruchnahme und die verschiedene Leistungsfähigkeit der Ortsarmenverbände herbeigeführt werden, auszugleichen, andererseits aber auch die Thätigkeit der Ortsarmenverbände auf dem Gebiete der Armenpflege zu beleben und zu kräftigen. Der Krankenpflege speciell dienen außerdem noch die beiden Landeskrankenhäuser zu Sondershausen und Arnstadt, welche der Staat unterhält. Die Bezirke übernehmen neben der ihnen gesetzlich auferlegten Verpflichtung der Fürsorge für Geisteskranke, welcher sie mangels eigener Landesanstalten durch Unterbringung in den Irren-Heil- und -Pflegeanstalten zu Jena und zu Blankenhain genügen, dann und wann auch die Unterbringung mitteloser Blinden, Taubstummen, Epileptischen, verwahrloster Kinder pp. in geeigneten Anstalten; die Beschlußfassung hierüber erfolgt durch den Bezirksausschuß von Fall zu Fall; auch dadurch ist noch eine weitere faktische Entlastung der Ortsarmenverbände gegeben.

Fürstentum Reuß jüngerer Linie.

Maßgebend ist hier das Ausführungsgesetz vom 21. Juni 1871 zum Bundesgesetze über den Unterstützungswohnsitz vom 6. Juni 1870. Ortsarmenverbände bilden die Gemeinden, daneben sind nach gesetzlicher Zulassung aus den keinem Gemeindebezirke zugehörigen landesherrlichen Domanialgrundstücken zwei besondere Domanialarmenverbände, einer für den unterländischen (Landratsamtsbezirk Gera) und einer für den oberländischen Verwaltungsbezirk (Landratamtsbezirk Schleiz) gebildet, welche aber den Ortsarmenverbänden im übrigen vollkommen gleich stehen. Bezüglich der Gesamtarmenverbände trifft das Gesetz die übliche Regelung, es hat sich aber in der Praxis ein Bedürfnis, Gesamtarmenverbände zu bilden, bislang nicht geltend gemacht. Das ganze Fürstentum bildet einen Landarmenverband, dessen Funktionen der Staat übernimmt; die Verwaltung der Angelegenheiten des Landarmenverbandes erfolgt nach Maßgabe einer Vorschrift des Gesetzes vom 25. Mai 1878, die Modifikation einiger Bestimmungen des Ausführungsgesetzes vom 21. Juni 1871 zum Bundesgesetz über den Unterstützungswohnsitz vom 6. Juni 1870 betreffend, durch das Fürstliche Ministerium, Abteilung für das Innere. Die Pflichten des Landarmenverbandes sind aber etwas erweitert; einmal hat er die Unterstützungspflicht nach § 33 des Reichsgesetzes über den Unterstützungswohnsitz auszuüben; sodann ist er verpflichtet, denjenigen seinem Bezirk angehörigen Ortsarmenverbänden eine Beihilfe zu gewähren, welche den ihnen obliegenden Verpflichtungen zu genügen unvermögend sind; ob und welche Beihilfe zu leisten ist, entscheidet nach Anhörung des Bezirksausschusses endgültig das Fürstliche Ministerium, Abteilung für das Innere (letztere Bestimmung durch das oben angeführte Gesetz vom 25. Mai 1878 getroffen); die Beihilfe kann in Geld oder mittelst Bereitstellung von Pflegeanstalten oder in sonst geeigneter Weise gewährt werden. Neben diesen gesetzlich zugewiesenen Thätigkeiten tritt aber der Staat und ebenso auch die beiden Verwaltungsbezirke nach meist im Verordnungswege getroffener Anordnung noch weiter für die Armenpflege ein. Was zunächst die Verwaltungsbezirke anlangt, so sind denselben im Jahre 1868 einmal die Erlöse aus den verkauften Jagdkarten mit der Bestimmung überwiesen worden, daß damit bedürftige Kranke, welche zu ihrer Heilung einer kostspieligen ärztlichen Behandlung oder einer Badekur bedürfen, unterstützt werden, und ferner die ursprünglich zur Errichtung eines Landirrenhauses bestimmten, aber nicht zur Verwendung gelangten Summen (19651 Mk. für den unterländischen und 25802 Mk. für den oberländischen Verwaltungsbezirk) als Fonds zur Unterstützung bedürftiger Blinden nach Verfügung des Bezirksausschusses. Außerdem unterhalten beide Verwaltungsbezirke Bezirksarmenhäuser, welche ausgedehntere Bestimmungen haben; für den unterländischen Bezirk besteht das Bezirksarmenhaus zu Tinz, welches den ausgesprochenen Zweck hat: 1. arbeitsscheue, aber arbeitsfähige Personen, welche sich innerhalb des genannten Bezirks als Ortsarme befinden oder in einem Orte des Bezirks den Unterstützungswohnsitz haben, unterzubringen, sowie zur Arbeit und Ordnung anzuhalten, 2. arbeitsunfähige Personen und Sieche — letztere, soweit sie nicht in Krankenanstalten untergebracht werden können, — aufzunehmen, 3. soweit die Verhältnisse dieses gestatten, Kindern, welche wegen schon eingetretener oder noch zu befürchtender Verwahrlosung und Verwilderung ihren Eltern oder Erziehern auf polizeiliche Anordnung zu entnehmen sind, Aufnahme und Erziehung zu gewähren, 4. Landarmen gegen ein mit Fürstlichem Ministerium zu vereinbarendes Verpflegungsquantum Unterkunft zu bieten; für den oberländischen Bezirk ist das Bezirksarmen- und Arbeitshaus zu Schleiz vorhanden mit dem Zweck: 1. zur Ergänzung beziehungsweise zum Ersatz der Armenhäuser in den Gemeinden des Bezirks zu dienen, insofern diese Häuser der Einrichtung ermangeln, um arbeitsscheue Personen zur nützlichen Thätigkeit anzuhalten und arbeitsunfähige Personen angemessen zu versorgen, (das Bezirksarmenhaus tritt, soweit es sich um die Unterbringung derartiger Personen handelt, vollständig an die Stelle der Ortsarmenhäuser, und es steht den Gemeinden das Recht zu, solche Individuen nach ihrem Ermessen von dem Ortsarmenhaus in das Bezirksarmenhaus, soweit dieses genügenden Raum bietet, zeitweilig zu versetzen), 2. Arme und Hilfsbedürftige überhaupt, sowohl gut beleumundete als sittlich tief gesunkene auf Antrag der Gemeinde zeitweilig aufzunehmen, diese gleich den Arbeitsscheuen ihren Kräften gemäß zu beschäftigen, mit den notwendigen Lebensbedürfnissen zu versehen und, soweit nötig beziehungsweise möglich, mittelst geordneter Hausdisciplin zur Thätigkeit, Ordnung und Sittlichkeit zu gewöhnen.

Der Staat tritt sodann noch in folgenden Beziehungen ein: er wirft regelmäßig in dem Staatshaushaltsetat eine Summe aus, welche teils als Beiträge zu den durch Unterbringung kranker Personen erwachsenden Kosten, teils als Zuschuß an Ärzte und zu Unterstützungen in Krankheitsfällen Verwendung finden soll, für die Finanzperiode 1896/98 beträgt diese Summe 3400 Mk. jährlich; er zahlt ferner eine Jahressumme für die Mitbenutzung der Herzoglich Altenburgischen Irrenanstalt zu Roda (nach den Etats für 1896/98 9500 Mk.), einen jährlichen Zuschuß zu den Kosten einer mit dem Bezirksarmenhause für den unterländischen Bezirk zu Tinz verbundenen Arbeiterkolonie (nach den Etats für 1896/98 300 Mk.), einen jährlichen Zuschuß zu den Verpflegungskosten für im Rettungshause zu Hohenleuben (einer Stiftung Heinrich II. Fürsten Reuß-Köstritz) untergebrachte verwahrloste Kinder (nach den Etats für 1896/98 1400 Mk.) und einen Jahreszuschuß zu den Verpflegungskosten für inländische Zöglinge der Taubstummenanstalt zu Schleiz (nach den Etats für 1896/98 500 Mk.); endlich werden noch zur Erziehung schwachsinniger, blinder und epileptischer Kinder Jahressummen in die Staatshaushaltsetats (1896/98 3000 Mk.) eingestellt. Die Aufwendungen des Landarmenverbandes sind stetig in die Höhe gegangen, 1885 hatten sie schon die Summe von 10 000 Mk. erreicht, haben sich aber bis 1895 noch verdoppelt. Für Beihilfen an unvermögende Ortsarmenverbände werden von dem Landarmenverbande im Durchschnitt etwa 300 Mk. jährlich verausgabt und werden damit drei bis vier Gemeinden jedes Jahr bedacht.

Bei den sechs vorbehandelten Staaten war die Beteiligung der größeren über den Ortsgemeinden stehenden Verbänden an der Armenpflege schon eine verhältnismäßig entwickelte, sei es, daß diese Beteiligung von den zwischen

Ortsgemeinde und Staat stehenden Verwaltungsbezirken ausging, sei es, daß sie vom Staat unmittelbar oder unter Bildung einer besonderen juristischen Person für das Gebiet des Staates ausgeübt wurde, sei es, daß sie vollkommen auf einer ausdrücklichen gesetzlichen Anordnung oder doch wenigstens Bestätigung, sei es, daß sie nur auf altem Herkommen oder im Verordnungswege getroffener Anordnung beruhte. In einem noch hervorragenderen Maße findet aber die Heranziehung der größeren Verbände zur Armenpflege in der nächsten Klasse statt und zwar sind hier wesentlich gerade auch die zwischen Staat und Gemeinden stehenden Verwaltungsbezirke mit herangezogen und teils zu dem Zwecke auch leistungsfähiger gemacht, wiewohl neben ihnen auch der Staat noch in vielfach recht ausgiebiger Weise sich der Armenpflege thätig annimmt und einen Teil der Kosten derselben aus seinen Kassen trägt. Bei den Staaten dieser Klasse charakterisiert sich der Anteil der größeren Verbände an der Armenpflege als der ausgebildetste und wird man ihn in der hier gegebenen Weise auch wohl als den vollkommensten und sachgemäßesten im allgemeinen bezeichnen können. Die sechs für diese Klasse in Frage kommenden Staaten sind: Königreich Württemberg, Großherzogtum Baden, Großherzogtum Oldenburg, Herzogtum Braunschweig, Herzogtum Sachsen-Meiningen und Fürstentum Waldeck.

Königreich Württemberg.

In dem für das Königreich Württemberg erlassenen Gesetz vom 17. April 1873 zur Ausführung des Reichsgesetzes vom 6. Juni 1870, über den Unterstützungswohnsitz ist gleichzeitig eine eingehendere Regelung des Armenpflegewesens und seiner Organisation vorgenommen, wobei die Heranziehung der größeren Verbände auch entsprechend Berücksichtigung gefunden hat. Die Ortsgemeinde ist die eigentliche Trägerin der Armenpflege und bildet den Ortsarmenverband. Die Funktionen des Landarmenverbandes waren zunächst „bis zur Konstituierung größerer Landarmenverbände" den Oberamtsbezirken (64 im Königreich) übertragen, welche die Verwaltung nach Maßgabe der für die Verwaltung der Amtskörperschaften bestehenden gesetzlichen Bestimmungen zu besorgen hatten. Darin ist nun durch das Gesetz vom 2. Juli 1889, betreffend die Abänderung einiger Bestimmungen des Gesetzes vom 17. April 1873 zur Ausführung des Reichsgesetzes vom 6. Juni 1870 über den Unterstützungswohnsitz, eine Änderung eingeführt, indem in jedem der vier Kreise des Landes die zu dem Kreise gehörigen Oberamtsbezirke (mit Einschluß des Stadtdirektionsbezirks Stuttgart) zu einem Landarmenverbande vereinigt worden sind; zugleich sind über die Ausgestaltung, Geschäftsführung ɔc. dieser neu gebildeten Landarmenverbände, zu deren Verwaltung je eine Landarmenbehörde bestellt wird, die näheren Vorschriften gegeben. Schon in dem Gesetz von 1873 waren aber die Befugnisse und Verpflichtungen der Landarmenverbände nicht unwesentlich erweitert. So war zunächst unter den Zuständigkeiten der Amtsversammlungen als der Vertreterinnen der Landarmenverbände aufgeführt „über Maßregeln wegen Gründung und Veränderung von — dem Landarmenbezirke gemeinschaftlichen — Landarmenanstalten und die Aufbringung der Mittel dazu Beschluß zu fassen". Die Landarmenverbände sind ferner be-

fugt, die Kosten der öffentlichen Armenpflege, welche die Fürsorge für Geistes=
kranke, für Geistesschwache oder an Epilepsie oder ähnlichen Krankheiten
leidende Personen, für verwahrloste Kinder (Artikel 12 des Gesetzes vom
27. Dezember 1871, betreffend Änderung des Polizeistrafrechts [1], sowie für
Taubstumme oder Blinde verursacht, unmittelbar zu übernehmen, wodurch
die Verpflichtung der Ortsarmenverbände zur vorläufigen Unterstützung nicht
berührt wird; Vereinigungen mehrerer Landarmenverbände zur Gründung
und Unterhaltung gemeinschaftlicher Anstalten für Zwecke der ihnen ob=
liegenden Armenpflege sind gestattet und haben unter statutarischer Regelung
zu erfolgen. Die Landarmenverbände sind sodann verbunden, in den Land=
armen=Anstalten, soweit es der Raum gestattet, gegen Entschädigung die
der Fürsorge der Ortsarmenverbände gesetzlich anheimfallenden, zur Auf=
nahme in jene Anstalten sich eignenden Personen auf Antrag dieser Ver=
bände aufzunehmen. Außerdem sind die Landarmenverbände verpflichtet,
denjenigen ihrem Bezirk angehörigen Ortsarmenverbänden eine Beihilfe zu
gewähren, welche durch Erfüllung der ihnen obliegenden Verpflichtungen
überbürdet werden, sowie die Zahlung und Erstattung der ihnen auferlegten
Kosten, welche sie ganz oder teilweise zu tragen außer stande sind, zu über=
nehmen (§ 59 des Unterstützungswohnsitzgesetzes); die Beihilfe kann in Geld
oder mittelst Bereitstellung von Pflegeanstalten oder in sonst geeigneter Weise
geschehen, und entscheidet, ob und welche Beihilfe zu leisten ist, im Streit=
falle schließlich endgültig das Ministerium des Innern; dabei ist noch das
Besondere, daß, insolange ein Ortsarmenverband eine Beihilfe von dem
Landarmenverbande erhält, die für die Armenpflege bestehenden Organe des
ersteren verpflichtet sind, die öffentliche Armenpflege nach den Weisungen des
Oberamts einzurichten. Endlich liegt den Landarmenverbänden der Ersatz
der Kosten ob, welche durch Unterbringung der auf Grund der Bestim=
mungen des § 361, 3—8 des Reichsstrafgesetzbuchs verurteilten und nach
verbüßter Strafe der Landespolizeibehörde überwiesenen Personen in einem
Arbeitshaus, desgleichen derjenigen Kosten, welche durch die Unterbringung
jugendlicher Verbrecher in einer Erziehungs= oder Besserungsanstalt entstehen,
sowie auch die Unterstützungspflicht im Fall des § 33 des Reichsgesetzes
über den Unterstützungswohnsitz. Alle diese Vorschriften sind durch das die
Landarmenverbände neu ordnende Gesetz vom 2. Juli 1889 nicht geändert

---

[1] Der Artikel 12 des Gesetzes vom 27. Dezember 1871, Änderung des Polizei=
strafrechts betreffend, lautet: „Diejenigen, welche die ihrer Gewalt oder Pflege unter=
gebenen Personen vom Betteln nicht abhalten, desgleichen Eltern, welche ihre Kinder
zum Bettel abrichten, ausschicken oder herleihen oder die sie für die sittliche Verwahrlosung
preisgeben, können durch Erkenntnis des Gemeinderats unter Zuziehung des Orts=
geistlichen auch gegen ihren Willen angehalten werden, solche Personen zur Erziehung
in Anstalten oder auch in geeignete Privathäuser abzugeben oder sie in angemessene
Lehren oder Dienste unterbringen zu lassen. In gleicher Weise kann unter den
bemerkten Voraussetzungen der Kirchenkonvent die unter vorstehende Bestimmungen
fallenden Kinder zum Besuch der öffentlichen Arbeitsanstalten anhalten. Gegen die
Verfügung des Gemeinderats beziehungsweise Kirchenkonvents findet bloß ein Rekurs
an das gemeinschaftliche Oberamt statt. Der hierdurch verursachte Kostenaufwand
ist, soweit nicht eigene, Stiftungs= oder andere Mittel hiefür verfügbar sind, von
den hiezu verpflichteten Eltern und, soweit diese hiezu nicht bemittelt sind, von den
zur Armenunterstützung verpflichteten Kassen zu tragen."

worden; es ist nur bestimmt, daß die Unterstützungskosten nach § 33 des Reichsgesetzes über den Unterstützungswohnsitz, sofern ein Unterstützungswohnsitz des Unterstützten nicht festzustellen war, dem Landarmenverbande im vollen Betrage aus der Staatskasse ersetzt werden sollen; desgleichen sollen die Kosten der Verpflegung der auf Grund des § 362 Abs. 2 des Reichsstrafgesetzbuches in einem Arbeitshause untergebrachten Personen insoweit auf die Staatskasse übernommen werden, als sie nicht durch den Ertrag der statutengemäßen Arbeitsverrichtungen jener Personen oder aus ihrem Vermögen oder von ernährungspflichtigen Verwandten ersetzt werden können. Bezüglich der Aufbringung der Landarmenverbandskosten bestimmt das Gesetz von 1889, daß der Aufwand der Landarmenverbände, soweit er nicht aus eigenen Einnahmen gedeckt werden kann oder aus der Staatskasse ersetzt wird, nach dem Verhältnis der Staatssteuer aus Grundeigentum, Gefällen, Gebäuden und Gewerben mit Einschluß des fingierten Staatssteuerbetreffs der nur amts- und gemeindesteuerpflichtigen Objekte auf die dem Landarmenverband angehörigen Oberamtsbezirke ausgeteilt und von diesen unter dem Amtsschaden zur Umlage gebracht wird; abgesehen von den schon angeführten Ersetzungen aus der Staatskasse wird den Landarmenverbänden zur Bestreitung ihres auf gesetzlicher Verpflichtung beruhenden ordentlichen Jahresaufwands, soweit derselbe nicht durch ihre eigenen Einnahmen gedeckt werden kann, ein Beitrag aus der Staatskasse gewährt, dessen Höhe jeweils durch das Finanzgesetz bestimmt wird; der Verteilung dieses Beitrages aus der Staatskasse an die einzelnen Landarmenverbände ist das Verhältnis des ihnen im jeweiligen Rechnungsjahr erwachsenen Aufwands zu Grund zu legen, jedoch unter Vorbehalt ausnahmsweiser Berücksichtigung etwaiger bei einem einzelnen Landarmenverband vorliegender besonderer Verhältnisse. Endlich beläßt aber das Gesetz vom 2. Juli 1889 den bisher die Funktionen des Landarmenverbandes ausübenden Oberamtsbezirken auch noch eine gewisse Thätigkeit auf dem Gebiet der Armenpflege, indem es vorschreibt, daß die Kosten, welche den Ortsarmenverbänden durch die Fürsorge für Geisteskranke, für Geistesschwache oder an Epilepsie oder an ähnlichen Krankheiten leidende Personen, für verwahrloste Kinder, sowie für Taubstumme oder Blinde erwachsen, soweit sie nicht von den Landarmenverbänden unmittelbar bestritten werden, durch Beschluß der Amtsversammlung zur Amtsvergleichung übernommen werden können, d. h. es kann die Amtskörperschaft, welche von sämtlichen Gemeinden eines Oberamtsbezirks gebildet wird, diese Kosten ganz oder zum Teil ersetzen.

Damit wäre die vorhandene gesetzliche Regelung zur Darstellung gebracht, und es erübrigt nur noch über die thatsächliche Ausführung einiges hinzuzufügen. Ich beginne dabei mit den kleinsten Verwaltungsbezirken. Die Oberamtsbezirke haben zahlreich Bezirkskrankenhäuser eingerichtet und unterhalten dieselben; sie tragen in der Regel die allgemeinen Kosten und lassen sich von den Ortsarmenverbänden nur die Specialkosten ersetzen; im Jahre 1885 waren schon 23 solcher Bezirkskrankenhäuser vorhanden und verschiedene noch in der Errichtung begriffen; wie hoch sich die Zahl jetzt beläuft, konnte ich aus dem mir zur Verfügung stehenden Material leider nicht feststellen. Auch ein Bezirksarmenhaus hatte die Oberamtskorporation

Göppingen im Jahre 1871 eingerichtet, stand aber damit 1885 noch vereinzelt da; ob das Beispiel inzwischen noch Nachahmung gefunden, ist gleicherweise leider nicht bekannt. In welchem Umfange die Oberamtskorporationen von dem Rechte, die nicht von den Landarmenverbänden übernommenen Kosten der Ortsarmenverbände für Verpflegung Geisteskranker pp. zu tragen, Gebrauch machten, ist statistisch nicht näher verfolgt worden und läßt sich daher jetzt noch nicht zahlenmäßig nachweisen; soviel ist aber doch anzugeben gewesen, daß insbesondere die Amtskörperschaften des Schwarzwaldkreises in dieser Beziehung erhebliche Leistungen aufweisen, während die Leistungen der Amtskörperschaften in den übrigen drei Kreisen mehr zurückstehen. Letzteres entspricht eben dem größeren oder geringeren Eintreten der Kreise als Landarmenverbände in dieser Beziehung, wozu ich nunmehr übergehe. An sich haben von der gesetzlich gegebenen Befugnis, die Kosten der öffentlichen Armenpflege, welche die Fürsorge für Geisteskranke, für geistesschwache oder an Epilepsie oder ähnlichen Krankheiten leidende Personen, für verwahrloste Kinder, sowie für Taubstumme und Blinde verursacht, unmittelbar zu übernehmen, die vier Landarmenverbände des Königreichs sämtlich Gebrauch gemacht. Der Landarmenverband für den Neckarkreis, der in dieser Beziehung am weitesten geht, ersetzt den Ortsarmenverbänden seines Kreises den Aufwand auf Geisteskranke, Taubstumme und Blinde vollständig, denjenigen für verwahrloste Kinder zur Hälfte; er hat im Rechnungsjahr 1895/96 140 448 Mk. für ortsarme Geisteskranke, 27 722 Mk. für ortsarme Taubstumme und Blinde und 8607 Mk. für ortsarme verwahrloste Kinder ausgegeben. Die Landarmenverbände für den Jagst- und für den Donaukreis erstatten den Ortsarmenverbänden ihres Kreises die durch die Fürsorge für verwahrloste Kinder und für in Anstalten untergebrachte Geisteskranke entstandenen Kosten je zur Hälfte; sie haben im Rechnungsjahr 1895/96 für ortsarme verwahrloste Kinder 3944 Mk. (Jagstkreis) beziehungsweise 3429 Mk. (Donaukreis) und für ortsarme, in Anstalten untergebrachte Geisteskranke 36 092 Mk. beziehungsweise 39 263 Mk. verausgabt. Der Landarmenverband für den Schwarzwaldkreis endlich beschränkt sich darauf, den Ortsarmenverbänden seines Kreises ein Drittel der durch die Fürsorge für verwahrloste Kinder entstehenden Kosten zu ersetzen, und hat für diesen Zweck im Rechnungsjahr 1895/96 900 Mk. aufgewendet. Beihilfen zur Tragung der allgemeinen Armenlast an überbürdete Gemeinden werden nicht gerade in einem bedeutenden Maße gewährt; im Rechnungsjahr 1895/96 wurden dafür von dem Landarmenverbande für den Neckarkreis 2590 Mk. von dem des Jagstkreises 160 Mk. und von dem des Schwarzwaldkreises 140 Mk. bezahlt, während der Landarmenverband für den Donaukreis in dem bezeichneten Rechnungsjahre keine Beihilfe geleistet hat. Für den Ersatz der Kosten, die durch Unterbringung jugendlicher Verbrecher in einer Erziehungs- oder Besserungsanstalt entstehen, haben die Landarmenverbände je einen durchschnittlichen Aufwand von einigen hundert Mark im Jahr zu bestreiten. Daß übrigens die allgemeine Thätigkeit der Landarmenverbände auf dem Gebiete der Armenpflege nach und nach zu einer immer intensiveren sich ausgestaltet hat, dürfte auch daraus erhellen, daß die ordentlichen Aufwendungen, welche die Landarmenverbände zur Erfüllung der Zwecke der öffentlichen

Armenpflege machten, in der Zeit von 1883/84 bis 1892/93 allmählich von 442 351 Mk. im Jahr auf 640 922 Mk. oder 44,7% gestiegen sind, während in der gleichen Zeit der Gesamtaufwand der Land= und Ortsarmenverbände zusammen im Königreich Württemberg sich nur von 3 070 084 Mk. auf 3 544 563 Mk., also 15,4%, gehoben und die Zahl der unterstützten Land=armen von 1357 auf 1511, also um 11,4%, sich gesteigert hat.

Daneben kommt nun aber auch noch der Staat mit nicht unwesentlichen Aufwendungen in Betracht. Im allgemeinen wird dieses schon durch ein=zelne Etatsposten gezeichnet; so sind in dem Voranschlag für den württem=bergischen Staatshaushalt für das Jahr 1897/98 ausgeworfen: 630 500 Mk. für Irrenpflege, 123 800 Mk. für milde Zwecke und 235 400 Mk. für öffent=liche Armenpflege; abgesehen davon kommen aber bei den einzelnen Anstalten noch weitere Verausgabungen in Betracht, welche gleichzeitig auch zur direkten oder indirekten Entlastung der Ortsarmenverbände dienen. Bezüglich der Krankenpflege sind hier in erster Linie die vom Staat errichteten und unter=haltenen akademischen Krankenhäuser der medizinischen Universitätsklinik zu Tübingen anzuführen, die in der Regel kostenlose Aufnahme gewähren; da=neben die geburtshilfliche Klinik zu Tübingen, in welcher gleichfalls eine größere Zahl unentgeltlich verpflegt wird, ferner auch die Augenklinik der Universität Tübingen. Für Geisteskranke bestehen die drei Staatsirren=anstalten zu Schussenried, zu Winnenthal und zu Zwiefalten; dieselben nehmen Arme, welche auf Kosten von öffentlichen Kassen untergebracht werden, gegen ein ermäßigtes Verpflegungsgeld (in der Regel 260 Mk., bei besondes un=günstigen Verhältnissen 170 Mk.) auf. Ferner unterhält der Staat die Taubstummen=Erziehungsanstalt in Gmünd mit Filialanstalten in Eßlingen und in Nürtingen; auch hier steht das Verpflegungsgeld regelmäßig nicht im Verhältnis zu dem wirklich entstehenden Aufwand; es bewegt sich zwischen 30 und 200 Mk., je nach der Festsetzung für den einzelnen Fall. Endlich sind die drei Staatswaisenhäuser zu erwähnen, das für evangelische Knaben in Stuttgart, das für evangelische Mädchen in Markgröningen und das für katholische Knaben und Mädchen in Ochsenhausen; in allen drei Anstalten ist für die Pfleglinge nur ein einmaliges Kleidereintrittsgeld von 30 Mk. zu zahlen; aufgenommen werden nur solche Kinder, welche ihre beiden Eltern oder den Vater verloren haben und wegen ihrer Mittellosigkeit Gegenstand der öffentlichen Fürsorge geworden sind. Abgesehen von der Unterhaltung der eigenen Anstalten gewährt aber der württembergische Staat noch einer ganzen Anzahl von durch Vereine pp. errichteten und unterhaltenen Anstalten für Armenpflege pp. regelmäßige und nicht unbeträchtliche staatliche Beihilfen, so den Heil= und Pflegeanstalten für männliche und weibliche Schwachsinnige zu Mariaberg und Stetten, der Bewahr= und Pflegeanstalt für Cretins, Blödsinnige, ekelerregende und unheilbare Kranke zu Liebenau, der Bewahr= und Pflegeanstalt zu Pfingstwaid, dem Blindenasyl zu Gmünd, der Vereins=anstalt Nikolauspflege für bildungsfähige blinde Kinder zu Stuttgart, der Blindenabteilung der Kinderrettungsanstalt Sophienpflege zu Lustnau bei Tübingen, der Taubstummenanstalt des Mutterhauses der barmherzigen Schwestern in Gmünd, der Vereinsanstalt Paulinenpflege (mit einer Ab=teilung für Taubstumme) zu Winnenden ꝛc.

Großherzogtum Baden.

Für das Großherzogtum Baden ist die gesetzliche Regelung der Beteiligung größerer Verbände an der Armenpflege eine verhältnismäßig frühe; sie erfolgte schon in dem Gesetz vom 5. Oktober 1863, die Organisation der inneren Verwaltung betreffend, welches als Kommunalverbände höherer Ordnung die Kreisverbände, je aus mehreren Amtsbezirken zusammengesetzt, mit eigener, gewählter Vertretung und Verwaltung, bildet, dieselben zu körperschaftlichen Verbänden mit der Befugnis, die eigenen Angelegenheiten selbständig, vorbehaltlich der gesetzlichen Aufsichtsrechte des Staats, zu verwalten, Vermögen zu erwerben und zu besitzen und zur Bestreitung ihrer gesetzlichen Ausgaben Beiträge auf die Kreisgemeinden und Gemarkungen anzulegen, ausgestaltet und ihnen auch auf dem Gebiete des Armenwesens eine Thätigkeit zuweist. Gegenstände der Beschlußfassung der Kreisverbände sind — außer den ihnen gesetzlich obliegenden Aufgaben — alle Einrichtungen und Anstalten, welche die Entwickelung, Pflege und Förderung der Interessen des ganzen Kreises betreffen; als im einzelnen dazu gehörig führt bezüglich des hier in Frage stehenden Punktes der § 41 des Gesetzes sodann noch speciell an: die Errichtung von Werkhäusern, Waisenhäusern, Armenhäusern, Krankenhäusern und Rettungsanstalten, sonstige gemeinschaftliche Anordnungen zur Fürsorge für die Armen und die teilweise oder gänzliche Übernahme von Gemeindelasten. Das Gesetz vom 5. Mai 1870, die öffentliche Armenpflege betreffend, sagt deshalb auch in seinem § 1: „Die öffentliche Armenpflege ist ein Teil der inneren Verwaltung und wird in Unterordnung unter die Staatsverwaltung von den Gemeinden und Kreisen besorgt"; dasselbe teilt ferner den Kreisverbänden ähnliche Funktionen wie die der Landarmenverbände nach dem Unterstützungswohnsitzgesetze zu, eine Vorschrift, welche dann durch die Einführung des letzteren Gesetzes hinfällig wurde; außerdem bestimmt das Gesetz noch, daß die Umlagen zur Bestreitung des Aufwandes für die Kreisarmenpflege in gleicher Weise wie die Umlagen für die Gemeindearmenpflege auszuschreiben seien, und daß, wenn die nach gesetzlicher Vorschrift erforderliche Umlage auf die zur Kreisarmenpflege beizuziehenden Steuerkapitalien mehr als einen halben Kreuzer von hundert Gulden betrage, die Staatskasse verpflichtet sein solle, den Mehrbetrag auf Anfordern an die Kreiskasse zu ersetzen. Das Gesetz vom 14. März 1872, die Einführung des Gesetzes des Norddeutschen Bundes vom 6. Juni 1870 über den Unterstützungswohnsitz betreffend, setzt sodann die Ortsgemeinden zu Ortsarmenverbänden ein und bildet aus jedem der elf Kreise einen Landarmenverband, indem es dabei die den Kreisen als Landarmenverbänden nach dem Reichsgesetze obliegende Unterstützungspflicht durch seinen § 2 noch dahin erweitert, daß in den Fällen des § 33 des Unterstützungswohnsitzgesetzes die Verpflichtung zur Erstattung der Kosten der Unterstützung, beziehungsweise zur Übernahme der Hilfsbedürftigen demjenigen Landarmenverbande obliegt, innerhalb dessen der Hilfsbedürftige seinen letzten Unterstützungswohnsitz gehabt hat; läßt sich dieser Unterstützungswohnsitz nicht ermitteln, so ist derjenige Landarmenverband zur Tragung der Kosten verpflichtet, in dessen Bezirk die Hilfsbedürftigkeit hervorgetreten ist. Von der Befugnis des § 60 des Unterstützungswohnsitzgesetzes, im Wege der Landesgesetzgebung die Verpflichtung zur Erstattung der Kosten beziehungsweise zur Übernahme der hilfsbedürftigen Ausländer auf die Armenverbände zu übertragen, ist im Großherzogtum Baden kein Gebrauch gemacht worden; der Aufwand, der aus diesem Anlaß erwächst, wird somit von der Staatskasse getragen. Das Verfahren zur Erwirkung des Ersatzes für geleistete Unterstützung, sowie der Übernahme Hilfsbedürftiger ist durch die Verordnung des großherzoglichen Ministeriums des Innern vom 6. Dezember 1872 näher geregelt und dabei sowohl das Verhältnis von Gemeinde zu Gemeinde wie auch das von Gemeinde zu Kreis, beziehungsweise zu Staatskasse entsprechend berücksichtigt worden. Nach Artikel 2 des Gesetzes vom 1. März 1884, die Kosten der Landarmenpflege betreffend, wurden den Kreisverbänden behufs Bestreitung der Kosten der Landarmenpflege Pauschsummen aus der Staatskasse zur Verfügung gestellt, deren Höhe jeweils auf zwei Budgetperioden durch Gesetz zum voraus bestimmt wird; für die Jahre 1888 bis 1891 waren solche durch Gesetz vom 15. Februar 1888 zusammen für die elf Kreisverbände auf 613 000 Mk. festgesetzt worden. Der vorbezeichnete Artikel 2 ist dann aber durch das Gesetz vom 27. Dezember 1891, die Dotation der Kreisverbände betreffend, aufgehoben worden; seit dem 1. Januar 1892 beziehen die Kreisverbände keine besondere Pauschsumme behufs Bestreitung der Kosten der Landarmenpflege mehr, sondern sie werden auch hierfür durch den allgemeinen Staatszuschuß, welcher ihnen jährlich gezahlt wird, abgefunden.

Thatsächlich sind nun aber die Aufwendungen, welche sowohl die Kreise wie der Staat für das Armenwesen im weitesten Sinne machen, und durch welche sie die Ortsarmenverbände in ihren Verpflichtungen unterstützen und entlasten, auch hier ganz erhebliche. Die Kreise leisten einmal den Aufwand für die Landarmenpflege (gesetzliche Armenpflege), welcher seit dem Jahre 1891 wiederum, wenn auch nicht erheblich, im Steigen begriffen ist und 1894 den Betrag von 700 000 Mk. überschritten hat. Sodann haben die meisten von ihnen besondere Kreispflegeanstalten für Sieche und sonst wegen körperlicher oder geistiger Gebrechlichkeit der Anstaltspflege bedürftige Personen errichtet und unterhalten dieselben; so besteht für den Kreis Villingen die Kreispflegeanstalt zu Geisingen, für den Kreis Waldshut die zu Jestetten, für den Freiburg die zu Freiburg, für den Kreis Lörrach die zu Wiechs, für den Kreis Offenburg die zu Fußbach, für die Kreise Karlsruhe und Baden die zu Hub, für den Kreis Mannheim die zu Weinheim, für den Kreis Heidelberg die zu Sinsheim und für den Kreis Mosbach die zu Krautheim; der Gesamtbestand dieser Anstalten belief sich am Schluß des Jahres 1894 auf 2347 Insassen, und zwar waren von diesen untergebracht 379 wegen angeborener Geistesschwäche, 56 wegen Kretinismus, 94 wegen Fallsucht, 657 wegen erworbener Geistesstörung chronischer Art, 56 wegen Taubstummheit und 1105 wegen körperlichen Siechtums verschiedener Form; nach den Rechnungsnachweisen der Kreisausschüsse beliefen sich die Betriebszuschüsse für die Kreispflegeanstalten insgesamt 1893 auf 56 251 Mk. und 1894 auf 31 264 Mk. Vier Kreise (Konstanz, Villingen, Waldshut, Lörrach) unterhalten ferner Naturalverpflegungsstationen, deren Zahl 1894 insgesamt 61 betrug; die Ausgabe dafür stellte sich 1894 auf 58 146 Mk., die Zahl der

Unterstützungen auf 121 144. Endlich enthalten die Etats der Kreisverbände noch einen auf die Armenpflege bezüglichen Posten: Aufwand für die freiwillige Armenpflege (im Gegensatz zu der Landarmenpflege, der gesetzlichen Armenpflege), welcher eine verhältnismäßig hohe Summe erreicht, nämlich insgesamt für die elf Kreisverbände 1893 260 090 Mk., 1894 255 682 Mk.; hierunter fällt die Unterstützung armer Augenkranker, welche sämtliche elf Kreisverbände in der Weise gewähren, daß die Augenkranken in bestimmten Augenheilanstalten kraft der mit den letzteren abgeschlossenen Verträge auf Kosten des Kreises behandelt und verpflegt werden; ferner sind die Kreisverbände auf dem Gebiet der Waisenpflege besonders thätig; sie gewähren den Gemeinden bei Unterbringung und Erziehung armer Kinder sehr erhebliche Beiträge zu den Kosten, meist bis zu der Hälfte derselben, sie bewilligen Zuschüsse an Vereinsanstalten zur Rettung sittlich verwahrloster Kinder und Beiträge an Gemeinden zur Unterbringung derartiger Kinder 2c.; einzelne Kreisverbände geben den unterstützungspflichtigen Armenverbänden für die von ihnen zu versorgenden bildungsfähigen taubstummen Kinder gewisse Beihilfen; schließlich werden auch von den Kreisverbänden den Gemeinden Beihilfen zur Bestreitung der Kosten der Unterbringung ortsarmer Kranker in Spitälern, in Soolbädern, der Kosten operativer Kuren, sowie bei sonstigen dringlichen oder ausnahmsweise großen Kostenaufwand veranlassenden Unterstützungsfällen Zuschüsse bewilligt. Das Eintreten des Staates liegt einmal schon in der jährlichen Dotierung der Kreisverbände, deren Höhe wesentlich mit in Rücksicht auf die Aufwendungen der letzteren für die Armenpflege festgelegt ist; in den Jahren 1893 und 1894 belief sich die Dotation für die Gesamtheit der Kreisverbände je auf 960 000 Mk. In dem Staatsbudget für 1894 sind für „milde Fonds, Heilanstalten" 1 435 147 Mk. ausgewiesen. Der Staat unterhält eine große Anzahl von Anstalten, in denen die Ortsarmenverbände Pfleglinge unter günstigen Bedingungen unterbringen können, so fünf allgemeine Krankenhäuser, zwei Augenheilanstalten, zwei Entbindungsanstalten, fünf Irrenanstalten, nämlich die Heil- und Pflegeanstalten zu Illenau, Emmendingen und Pforzheim, die Irrenklinik in Heidelberg und die psychiatrische Klinik in Freiburg, zwei Taubstummenanstalten, Soolbäder, Armenbäder 2c.; ebenso unterstützt er auch verschiedentlich Vereinsanstalten ähnlicher Art durch regelmäßige Geldzuwendungen. Auch kommt es vor, daß einzelnen wenig leistungsfähigen Gemeinden zur Bestreitung der Kosten der Armenpflege Beihilfen aus Staatsmitteln verwilligt werden. Endlich werden auch vom Staate unmittelbar Unterstützungen an Arme verliehen, und belief sich der Aufwand dafür 1892 auf 48 631 Mk., 1893 auf 47 574 Mk. und 1894 auf 52 980 Mk.

Großherzogtum Oldenburg.

Für das Großherzogtum Oldenburg kommen drei verschiedene Gesetzgebungen in Frage, nämlich je eine besondere für das Herzogtum Oldenburg, für das Fürstentum Lübeck und für das Fürstentum Birkenfeld; bei allen ist aber das Übereinstimmende, daß eine allgemeine Regelung erst in neuester Zeit nach Erlaß des Reichsgesetzes über den Unterstützungswohnsitz stattgefunden hat. Bezüglich des Herzogtums Oldenburg ist das allein maßgebende

Gesetz das vom 15. April 1873, betreffend die revidierte Gemeindeordnung, welches auch das Armenwesen generell und im Anschluß an das Unterstützungswohnsitzgesetz ordnet und erst die bis dahin noch im wesentlichen gültige alte Armenordnung des Herzogs Peter Friedrich Ludwig vom 1. August 1786 allgemein aufhob, dabei aber doch noch einzelne auf das Stiftungswesen im einzelnen bezügliche Vorschriften in Kraft belassend. In den Artikeln 68 bis 83 des Gesetzes von 1873 ist die Armenpflege näher geordnet und die Gemeinde als eigentliche Trägerin der Armenpflege hingestellt; die Gemeinden im Herzogtum Oldenburg sind übrigens aus den durch die angeführte Armenordnung von 1786 als bürgerliche Organe für die Verwaltung des Armenwesens geschaffenen Kirchspielverbänden hervorgegangen und bilden durchweg schon Komplexe einer Anzahl von Ortschaften und Wohnplätzen, so daß hier eigentlich schon Verbände gegeben sind, die vermöge ihrer verhältnismäßigen größeren Ausdehnung (Fläche des Gemeindebezirks im Durchschnitt 45 qkm) und Bevölkerungszahl (durchschnittlich rund 2400 Einwohner) auch eine größere Leistungsfähigkeit besitzen; den Gemeinden ist aber die unmittelbare Handhabung der gesamten Armenpflege, auch der der Landarmenverbände und der der Amtsverbände, übertragen, weshalb sich die Thätigkeit der letzteren mehr oder weniger als eine rein finanzielle Mitwirkung darstellt. Der Artikel 85 des Gesetzes erklärt sodann zu Angelegenheiten der Amtsverbände einmal „allgemeine und gemeinnützige Anlagen, Einrichtungen und Maßregeln", ferner „die Besorgung des Landarmenwesens nach Maßgabe des Bundesgesetzes vom 6. Juni 1870 über den Unterstützungswohnsitz, mit Ausnahme der im Artikel 75 unter Vorbehalt des Ersatzanspruchs wegen der aufgewandten Kosten den Gemeinden (Armenkommissionen) übertragenen unmittelbaren Fürsorge für die Landarmen", und endlich „die Fürsorge für Geisteskranke, Idioten, Taubstumme und Blinde". Im Falle des § 33 des Unterstützungswohnsitzgesetzes, wenn ein Deutscher, welcher keinen Unterstützungswohnsitz hat, auf Verlangen ausländischer Staatsbehörden aus dem Auslande übernommen werden muß, ist der Ortsarmenverband zur Unterstützung verpflichtet, der Amtsarmenverband aber nach der früheren Heimatsberechtigung des Unterstützten, beziehungsweise nach dem Hervortreten der Hilfsbedürftigkeit zur Erstattung der entstandenen Kosten verpflichtet (Artikel 77). Ebenso ist zur Erstattung der durch Unterstützung eines Ausländers, beziehungsweise zur Übernahme des hilfsbedürftigen Ausländers der Landarmenverband verpflichtet, es sei denn, daß ein solcher Ausländer sich so lange an einem bestimmten Orte aufgehalten hat, daß er, wäre er ein Deutscher, den Unterstützungswohnsitz daselbst erworben haben würde, in welchem Falle die obige Verpflichtung dem Ortsarmenverbande des Aufenthaltsortes obliegt (Artikel 76). Der oben angezogene Artikel 75 des Gesetzes lautet: „Die Unterstützung der der Fürsorge der inländischen Amtsverbände als Landarmenverbände gesetzlich anheimfallenden Personen bleibt gegen Entschädigung, aber ohne daß die Übernahme verlangt werden kann, derjenigen Gemeinde (Ortsarmenverband) überlassen, welche nach § 28 des Bundesgesetzes vom 6. Juni 1870 zur vorläufigen Unterstützung derselben verpflichtet ist." Nach § 1 des Artikel 88 sollen die zur Bestreitung der Ausgaben des Amtsverbandes aufzubringenden Kosten, soweit sie nicht durch eigene Einnahmen bestritten werden können, auf die einzelnen Gemeinden des Amtsverbandes, und zwar bei Ausgaben für Armenzwecke nach dem Maßstabe der in ihnen zu erhebenden Einkommensteuer und bei anderen Ausgaben nach dem Maßstabe der in ihnen zu erhebenden direkten Staatssteuern (Einkommen- und Grund- und Gebäudesteuer), verteilt werden.

Für das Fürstentum Lübeck ist jetzt maßgebend das Gesetz für das Fürstentum Lübeck, betreffend die revidierte Gemeindeordnung, vom 30. März 1876, welches in den Artikeln 68 bis 89 die Armenpflege näher regelt, aber in einem gerade hier mit in Betracht kommenden Punkte durch das Gesetz für das Fürstentum Lübeck, betreffend Änderung des Artikels 75 der revidierten Gemeindeordnung und Aufhebung der Lieferung des sogenannten Armenholzes, vom 1. Februar 1897 eine Änderung erfahren hat; vorher war auch hier noch eine Armenordnung aus dem vorigen Jahrhundert in Gültigkeit, die Verordnung für das Fürstentum Lübeck über das Armenwesen vom 12. Mai 1791, welche allerdings durch die Verordnung für das Fürstentum Lübeck vom 26. Juni 1871 zur Ausführung des Bundesgesetzes vom 6. Juni 1870 über den Unterstützungswohnsitz eine Ergänzung gefunden hatte; beide Verordnungen sind durch das Gesetz von 1876 aufgehoben worden. Ortsarmenverbände sind auch hier die Gemeinden, in denen die Verwaltung der öffentlichen Armenpflege durch besondere Armenkommissionen geführt wird. Die sämtlichen Gemeinden des Fürstentums bilden einen Landarmenverband, welcher die Rechte einer Korporation hat; die Vertretung und Verwaltung des Landarmenverbandes liegt der Regierung ob. Die Verpflichtung des Landarmenverbandes ist zunächst dadurch erweitert, daß ihm nach Artikel 72 auferlegt ist, die gesetzliche Unterstützung aller derjenigen aus Armenmitteln zu unterstützenden Deutschen und Ausländer zu gewähren, zu deren Unterstützung kein Ortsarmenverband rechtlich verbunden ist (§§ 30, 33 und 60 des Bundesgesetzes vom 6. Juni 1870). Aus den dem Landarmenverbande überwiesenen Mitteln sollen nach Artikel 74 sodann aber ferner noch bestritten werden: „a) die Kosten, beziehungsweise eine Beihilfe zu den Kosten des Unterhalts, der Erziehung und Heilung von öffentlicher Unterstützung bedürftigen Blinden, Taubstummen und Geisteskranken, sofern dieselben einer dafür bestehenden Privat- oder öffentlichen Anstalt zu überweisen sind, einschließlich der Kosten des Transports; b) die Kosten, beziehungsweise eine Beihilfe zu den Kosten der Verpflegung und Bewachung von bedürftigen gemeingefährlichen Geisteskranken, auch wenn dieselbe nicht in einer eigenen Anstalt stattfindet; c) Unterstützungen in einzelnen Gemeinden bei Epidemien, Seuchen und sonstigen außerordentlichen Unglücksfällen, sofern daraus für die Armenpflege eine besondere Belastung entsteht; d) Zuschüsse zur Förderung der Zwecke von Privat- und öffentlichen Vereinen zur Unterstützung Hilfsbedürftiger; e) Zuschüsse an Gemeinden, welche haushälterischer Armenpflege ungeachtet überlastet sind"; über die Art und das Maß der zu gewährenden Unterstützungen entscheidet die Regierung. Zur Bestreitung seiner Ausgaben wurden dem Landarmenverband gesetzlich überwiesen einmal das Vermögen des bisherigen Landesarmenfonds, welches durch Zuschuß aus den gesammelten und besonders verrechneten Kassenüberschüssen auf 230 000 Mk. (Stammkapital) erhöht wurde, und ferner ein jährlicher Zuschuß von 6000 Mk.

aus der Landeskasse; nach dem Gesetz vom 30. Mai 1876 wurden, wenn die hierdurch gegebenen Einnahmen zur Bestreitung der Ausgaben nicht ausreichten, von der Regierung nach Bedarf außerordentliche Beiträge über sämtliche Gemeinden ausgeschrieben; dieses ist aber durch das Gesetz vom 1. Februar 1897 geändert, und werden nunmehr die etwaigen Fehlbeträge der Kasse des Landarmenverbandes auf die Landeskasse übernommen.

Für das Fürstentum Birkenfeld ist das Armenwesen durch ein besonderes Gesetz für das Fürstentum Birkenfeld über das Armenwesen vom 28. März 1876 geordnet worden, nachdem aber schon in neuerer Zeit eine Regelung durch ein Gesetz vom 24. Dezember 1861 über das Armenwesen, ergänzt durch die Verordnung vom 26. Juni 1871, — beide durch das Gesetz von 1876 ausdrücklich aufgehoben — erfolgt war; das Gesetz vom 28. März 1876 hat dann gleicherweise in einer hier in Frage kommenden Beziehung eine Abänderung durch das Gesetz vom 22. Januar 1894 erfahren. Die Ortsarmenverbände werden durch die Bürgermeistereien als Gesamtarmenverbänden mit den Rechten von Korporationen gebildet, in den Bürgermeistereien Birkenfeld und Oberstein jedoch mit Ausnahme der Stadtgemeinden Birkenfeld, Oberstein und Idar, die jede für sich einen Ortsarmenverband bilden; als Trägerinnen der Armenpflege sind also hier schon von vornherein größere Bezirke, aus einer Anzahl von Ortschaften und Wohnplätzen bestehend, gesetzt, die an und für sich auch schon eine größere Leistungsfähigkeit haben müssen. Die sämtlichen Gemeinden des Fürstentums bilden einen Landarmenverband, welcher Korporationsrechte hat und von der Regierung vertreten und verwaltet wird. Wie im Fürstentum Lübeck ist auch hier der Landarmenverband zum Eintreten in den Fällen der §§ 30, 33 und 60 des Unterstützungswohnsitzgesetzes verpflichtet. Sodann liegt ihm nach Artikel 9 des Gesetzes „ferner ob": die Erstattung: a) der Reisekosten und Honorare der Ärzte und Wundärzte bei Behandlung armer Kranker, soweit diese überhaupt vergütet werden; b) der Kosten der gesamten Fürsorge für hilfsbedürftige Geisteskranke und Idioten, sowie der zum Schutz der öffentlichen Sicherheit gegen dieselben getroffenen polizeilichen Maßregeln; c) der Kosten des Unterrichts und der Ausbildung hilfsbedürftiger taubstummer und blinder Kinder; d) der außerordentlichen Unterstützungen bei Epidemien, großer Teuerung und anderen besonderen Unglücksfällen; e) der Detentions- und Unterhaltungskosten für die in eine Zwangsarbeitsanstalt verwiesenen Armen, sowie endlich f) die Gewährung von Zuschüssen an einzelne Ortsarmenverbände, welche durch die Ausgaben der Armenpflege so sehr beschwert sind, daß letztere 30 Prozent der Gesamtsteuer sämtlicher zum Armendistrikt gehörenden Gemeinden übersteigen"; die jetzige Fassung unter b beruht auf dem Gesetze vom 22. Januar 1894, früher war nur die Verpflegung und Heilung hilfsbedürftiger Geisteskranker auferlegt worden. Dem Landarmenverbande werden zur Bestreitung seiner Ausgaben überwiesen: a) alle Polizei- und andere den Gemeindekassen bislang gesetzlich zugewiesenen Geldstrafen und Erträge aus Einziehungen und die nach Artikel 58 der Gesindeordnung vom 13. Juni 1861 der Ersparungskasse überwiesenen Geldstrafen und Handgelder; b) der Ertrag der für Jagdkarten, sowie für Tanz- und andere öffentliche Lustbarkeiten zu entrichtenden Abgaben; c) ein Zuschuß der Landeskasse, welcher durch das

Finanzgesetz für die jedesmalige Finanzperiode festgesetzt wird; d) die sonstigen bisher dem Generalarmenfonds zugewiesenen Einnahmen. Wenn diese Einnahmen zur Bestreitung der Ausgaben nicht hinreichen, so ist das Fehlende von sämtlichen Gemeinden des Fürstentums nach Verhältnis der Gesamtsteuer aufzubringen und nach der desfallsigen Bestimmung der Regierung auf die Gemeindekassen anzuweisen.

Die thatsächliche Wirksamkeit der größeren Verbände fällt hier mehr als sonst mit der gesetzlichen Regelung zusammen, da letztere hier eingehender und im wesentlichen eine zwingende ist. Von der Befugnis, allgemeine und gemeinnützige Anlagen und Einrichtungen auf dem Gebiete der Armenpflege zu treffen, ist von den Amtsverbänden im Herzogtum Oldenburg bislang kein Gebrauch gemacht; irgendwelche Anstalten für Armenzwecke, welche von den Amtsverbänden gegründet worden und unterhalten werden, bestehen dort nicht; ebensowenig sind aber auch die Landarmenverbände in den Fürstentümern Lübeck und Birkenfeld mit einer solchen Errichtung vorgegangen. Dahingegen wird die Fürsorge für Geisteskranke, Idioten, Blinde, Taubstumme ꝛc. je nach den besonderen gesetzlichen Vorschriften in ausgiebiger Weise geübt, und werden dafür nicht unerhebliche Beträge jährlich verausgabt; leider stehen darüber nur ältere zahlenmäßige Daten aus den siebziger Jahren zur Verfügung, welche aber doch die verhältnismäßige Höhe der Aufwendungen ersehen lassen, zumal nach dem Gang der allgemeinen Entwickelung anzunehmen steht, daß seit der Zeit eher eine Zunahme wie eine Abnahme der bezüglichen Ausgaben stattgefunden haben wird. Im Herzogtum Oldenburg belief sich nach dem Durchschnitt aus den Jahren 1873 bis 1877 der jährliche Aufwand an Landarmenkosten und an sonstigen den Amtsverbänden obliegenden Unterstützungen auf 67 318 Mk. oder 29,36 Mk. auf je 100 Bewohner; davon kommen auf die Ausgaben für das eigentliche Landarmenwesen 9800 Mk. oder 4,31 Mk. auf 100 Einwohner, auf die Ausgaben für Geisteskranke, Blinde und Taubstumme 52 210 Mk. oder 22,77 Mk. auf 100 Einwohner und endlich auf Unterstützungen für die Angehörigen gewisser zur Fahne berufenen Heerespflichtigen 5228 Mk. oder 2,28 Mk. auf 100 Bewohner. Höher noch sind im Verhältnis die Aufwendungen im Fürstentum Lübeck; so betrugen nach dem Jahresmittel aus dem Zeitabschnitt 1873/75 dort die Kosten des Landarmenverbandes 1069 Mk., die Kosten des Unterhalts ꝛc. von Blinden, Taubstummen und Geisteskranken 14 918 Mk., die Unterstützungen an einzelne Gemeinden bei Epidemien ꝛc. 600 Mk., die Zuschüsse zur Förderung der Zwecke von Vereinen zur Unterstützung Hilfsbedürftiger 423 Mk. und die Zuschüsse an Gemeinden wegen Überlastung 654 Mk.; auf je 100 Köpfe der Bevölkerung machen diese Kosten insgesamt 53,65 Mk., und entfallen auf die Leistungen für die mit körperlichen oder geistigen Fehlern belasteten Personen 43,77 Mk. auf 100 Bewohner, auf alle übrigen Aufwendungen nur 9,88 Mk. Im Fürstentum Birkenfeld, woselbst die Aufwendungen im Verhältnis etwa wieder mit denen des Herzogtums Oldenburg gleichstehen, wurden im Durchschnitt von 1873 bis 1877 jährlich verausgabt für Unterstützungen an Deutsche und Ausländer 307 Mk., für Reisekosten und Honorar der Ärzte 2625 Mk., an Kosten geisteskranker Personen 5575 Mk., an Kosten des Unterrichts ꝛc.

taubstummer und blinder Kinder 156 Mk., an außerordentlichen Unterstützungen bei Epidemien ꝛc. 51 Mk., an Detentionskosten für in eine Zwangsarbeits=
anstalt verwiesene Arme 23 Mk. und an Zuschüssen für einzelne Special=
armendistrikte wegen Überbürdung 2162 Mk.; der Gesamtaufwand beläuft sich hier auf 30,23 Mk. auf 100 Bewohner, wovon wieder 15,03 Mk. auf die Geisteskranken entfallen. Eine besondere Thätigkeit des Staates kommt für die Fürstentümer Lübeck und Birkenfeld schon an und für sich nicht weiter in Betracht, da der Staat ja hier schon durch die Landarmenverbände, die er finanziell in der Hauptsache allein hält, vertreten wird. Aber auch für das Herzogtum Oldenburg ist eine weitere Thätigkeit des Staates auf dem Gebiete nur in einem untergeordneteren Maße gegeben; sie beschränkt sich im wesentlichen auf die Unterhaltung einiger Anstalten, welche auch, obwohl nicht allein für Unterstützungsbedürftige, in Anspruch genommen werden können; es ist dieses einmal die Heilanstalt für Geisteskranke, welche vom Staat 1858 zu Wehnen bei Oldenburg errichtet wurde und bei der Unter=
bringung von unterstützungsbedürftigen Kranken durch die Armenverbände nur die niedrigsten Verpflegungssätze erhebt, und sodann die 1820 begründete staatliche Taubstummenanstalt zu Wildeshausen, welche aus ihren Mitteln Zuschüsse zur Unterhaltung der unvermögenden Kinder gewähren kann.

Herzogtum Braunschweig.

Die gesetzliche Grundlage bezüglich der eigentlichen Organisation des Armenwesens und der Festlegung der auf dem Gebiete des Armenwesens thätig werdenden Faktoren, sowie der Bestimmung ihres Wirkungskreises ent=
hält für das Herzogtum Braunschweig das Gesetz Nr. 39 vom 5. Juni 1871, die Ausführung des Bundesgesetzes vom 6. Juni 1870 über den Unter=
stützungswohnsitz betreffend. Nach demselben bildet jede Gemeinde des Herzog=
tums (Ortsgemeinde oder Gutsgemeinde) samt dem dazugehörigen Gemeinde=
bezirke, sowie jede selbständige Gemarkung einen für sich bestehenden Orts=
armenverband; bezüglich der weiteren Ausübung der Armenpflege ist für die Städte das Nähere in dem Gesetz Nr. 32 vom 18. Juni 1892, betreffend Städteordnung für das Herzogtum Braunschweig, §§ 193—200 und für die Landgemeinden in dem Gesetz Nr. 35 vom 18. Juni 1892, betreffend Land=
gemeindeordnung für das Herzogtum Braunschweig, §§ 135—142, angeordnet worden. Die Bildung von Gesamtarmenverbänden ist zugelassen, aber nicht praktisch geworden. Die Funktionen des Landarmenverbandes übernimmt der Staat und läßt solche in den verschiedenen Kreisen durch die herzoglichen Kreisdirektionen besorgen, aus deren Bureaukassen auch die entstehenden Kosten bestritten werden; der Landarmenverband hat auch die Verpflichtung zur Unterstützung und eventuell zur Uebernahme eines Bundesangehörigen, welche dem Staate auf Grund des § 33 des Bundesgesetzes vom 6. Juni 1870 obliegt, zu erfüllen; ebenso liegt ihm die öffentliche Unterstützung hilfs=
bedürftiger Ausländer, beziehentlich die Erstattung diesfälliger Vorschüsse der Ortsarmenverbände ob. Sodann bestimmt das Gesetz weiter: „Denjenigen Ortsarmenverbänden, welche den ihnen obliegenden Verpflichtungen zu ge=
nügen unvermögend sind — worüber zunächst, auf Begutachtung durch den Kreisausschuß, die betreffende Kreisversammlung und in letzter Instanz Unser

herzogliches Staatsministerium entscheidet —, ist die erforderliche Beihilfe aus der Kreiskommunalkasse zu leisten. Den Kreisversammlungen steht die Befugnis zu, die Kosten einzelner besonderer Zweige der öffentlichen Armenpflege unmittelbar auf die Kreiskommunalkasse zu übernehmen." Etwa gleichzeitig mit dem vorbehandelten Gesetz war die kommunale Bezirksverwaltung durch das Gesetz Nr. 35 vom 5. Juni 1891, Kreisordnung für das Herzogtum Braunschweig, neu geregelt worden, indem aus jedem der als solche bestehen bleibenden sechs Verwaltungsbezirke, Kreise, ein Kommunalverband mit den Rechten einer Korporation für diejenigen Zwecke der Selbstverwaltung und der Mitwirkung in Angelegenheiten der Landesverwaltung, welche das Gesetz bestimmt, gebildet wurde, mit Ausnahme des Kreises Braunschweig, welchen man in drei solcher Kommunalverbände nach Maßgabe seiner besonderen Verhältnisse zerlegte. Die Kreisversammlung, welche den Kreis in allen Kreiskommunalangelegenheiten zu vertreten berufen ist, wurde dann durch das Gesetz speciell für befugt erklärt, die Einrichtung von Bildungsanstalten, Werkhäusern, Waisenhäusern, Armenhäusern, Krankenhäusern, Rettungsanstalten und dergleichen zu beschließen und sonstige gemeinschaftliche Anordnungen zur Fürsorge für die Armen innerhalb der Bestimmungen des Bundesgesetzes über den Unterstützungswohnsitz vom 6. Juni 1870 und der dazu erlassenen Ausführungsvorschriften zu treffen. Das Gesetz schreibt außerdem vor, daß der Staatsbehörde auch fernerhin eine angemessene Jahressumme zur Bewilligung von außerordentlichen Unterstützungen zur Verfügung zu stellen sei. Um die Kreiskommunalverbände finanziell leistungsfähig und selbständig zu machen, wurde denselben einmal eine Anzahl von mehr oder weniger erheblichen besonderen Einnahmequellen teils sofort, teils durch spätere Gesetze überwiesen, so eine schon länger bestehende Abgabe von letztwilligen Verfügungen, Kontrakten zc., die Jagdscheingebühren, ein Theil der von den herzoglichen Amtsgerichten erkannten und den freiwillig eingezahlten Strafgeldern; daneben fand aber eine Kapitaldotierung der Kreise aus Staatsmitteln statt, welche mit den bald darauf erfolgenden Nachbewilligungen die Summe von 15 Millionen Mark erreichte; endlich ist es in letzter Zeit zu einer nunmehr schon beinah feststehenden Gewohnheit geworden, daß den Kreiskommunalverbänden aus den Staatseinnahmen durch den Staatshaushaltsetat größere Beträge (regelmäßig 270 000 Mk. insgesamt für die zweijährige Finanzperiode) überwiesen werden. Die erste Dotierung der Kreisfonds geschah durch das besondere Gesetz Nr. 36 vom 5. Juni 1871, die Dotationssummen für die Kreiskommunalverbände und deren Zweckbestimmung betreffend, und wurde darin noch ausdrücklich vorgeschrieben: Die Dotation bildet für jeden Kreiskommunalverband das Grundvermögen (den Kreisfonds), dessen Kapitalbestand und dessen Revenuen zur Förderung der Wohlfahrt der Kreisangehörigen a) durch Herstellung und Erhaltung gemeinnütziger Einrichtungen — insbesondere durch Errichtung von Bildungsanstalten, Kranken-, Armen-, Waisen-, Werk- und Rettungshäusern, b) durch Verwendung zur Tragung der Kreislasten, namentlich . . . . . . 3. zur Unterstützung der Gemeinden in der Fürsorge für das Schul- und Armenwesen, 4. zu Beihilfen für bedürftige Gemeinden in der Tragung der Gemeindelasten, 5. zu Beihilfen für Auswandernde und für die Unterbringung von Kranken, Taubstummen, Blinden, Idioten und Geisteskranken in den bestehenden Staats- und Privatanstalten, — dienen sollen. — Bezüglich der staatlichen Armenunterstützungen ist endlich noch eine gesetzliche Vorschrift nachzuholen; in dem Finanz-Nebenvertrage vom 12. Oktober 1832, welcher die Finanzverhältnisse des Herzogtums eingehender regelt, ist im Artikel 11 bestimmt, daß die bisherigen Naturalunterstützungen an Bau-, Nutz- und Brennholz, Zinskorn, Steinen, Torf- und Braunkohlen in dem bisherigen Umfange nach dem Gutbefinden der herzoglichen Landesregierung ferner bewilligt werden können, und ist dabei gleichzeitig die Grenze, bis zu welcher diese Bewilligungen ohne ständische Genehmigung geschehen können, näher festgesetzt.

Die thatsächliche Beteiligung der größeren Verbände, der Kreiskommunalverbände und des Staates, an der Armenpflege gestaltet sich nach der vorstehenden gesetzlichen Ordnung und dem bestehenden Herkommen in folgender Weise. Die Kreiskommunalverbände nehmen sich der Armenpflege sehr rege und vielseitig an; in den ersten fünfzehn Jahren ihres Bestehens betrug ihr Gesamtaufwand für das Armenwenwesen im Jahresdurchschnitt für die drei fünfjährigen Perioden 1872/76, 1877/81 und 1882/86 98 929 Mk., 179 749 Mk. und 203 619 Mk., was 17,95%, 23,01% und 27,58% der Gesamtausgabe der Verbände entsprach; nach dem Durchschnitt aus den letzten drei Rechnungsjahren (nach diesem Durchschnitt werden nachstehend noch weitere zahlenmäßige Angaben gemacht, und sei deshalb hier vorweg allgemein bemerkt, daß dabei für vier Verbände die Daten für die Jahre 1894/95, 1895/96 und 1896/97 zu Grunde gelegt sind, während für die drei übrigen wegen des noch nicht geschehenen Abschlusses der Rechnungen für 1896/97 an Stelle dieses Jahres auf 1893/94 zurückgegriffen ist) belief sich der Jahresaufwand auf 217 832 Mk.; auf 100 Köpfe der Bevölkerung berechnet beziffert sich dieser Aufwand immerhin auf 68,3 Mk., und stellt sich diese letztere Verhältniszahl für die einzelnen Kreiskommunalverbände wieder ziemlich verschieden, nämlich für Ribbagshausen-Vechelde auf 45,3 Mk., für Thedinghausen auf 55,9 Mk., für Wolfenbüttel auf 67,3 Mk., für Helmstedt auf 74,9 Mk., für Gandersheim auf 72,2 Mk., für Holzminden auf 62,5 Mk. und für Blankenburg auf 87,9 Mk. Was nun das Einzelne anlangt, so ist mit der Errichtung einer eigenen Kreisanstalt für die Armenpflege bislang nur der Kreiskommunalverband Thedinghausen vorgegangen, welcher in den letzten Jahren sich ein Krankenhaus neu begründet hat; dahingegen sind aber zur Unterstützung von Gemeinden und Stiftungen bei Errichtung und Unterhaltung der ganz oder teilweise der Armenpflege dienenden Anstalten umfangreichere Aufwendungen gemacht, bezüglich deren sich aber die einzelnen Verbände wieder schärfer voneinander abheben. Die Verbände Ribbagshausen-Vechelde und Thedinghausen haben gar keine oder nur ganz unbedeutende Aufwendungen in dieser Richtung zu verzeichnen; Wolfenbüttel hat vorzugsweise zu der Erweiterung und dem Neubau des städtischen Krankenhauses zu Wolfenbüttel wesentlich beigetragen, auch andere Gemeinden bei dem Neubau oder dem Ausbau von Gemeindehäusern zur Unterbringung von Armen, besonders wenn dabei die Errichtung eines oder mehrerer Krankenzimmer stattfand, unterstützt, desgleichen die Idiotenanstalt Neu-Erkerode; Helmstedt subventioniert hauptsächlich das in eine selbständige

Stiftung umgewandelte Krankenhaus zu Kloster St. Marienberg bei Helmstedt, desgleichen das Johannes-Waisenhaus zu Helmstedt, sowie ein Stiftungshospital zu Schöningen; desgleichen hat auch bei einer Reihe von Armenhausbauten in den einzelnen Ortschaften Beihilfebewilligung stattgefunden; Gandersheim gewährt prinzipiell denjenigen Gemeinden, welche in ihren Armenhäusern besonders reservierte Zimmer zu Krankenstuben einrichten und entsprechend ausstatten, drei Fünftel der entstandenen Kosten und außerdem eine jährliche Mietsentschädigung von 20 Mk. pro Zimmer; der Kreiskommunalverband Holzminden hat sich hier besonders durch große Leistungen ausgezeichnet, er hat einmal den Städten Holzminden und Stadtoldendorf bei Neuaufführung ihrer Krankenhäuser ganz wesentlich (durch Übernahme von $^2/_3$ bis $^3/_4$ der Gesamtkosten) geholfen, sodann ist er bei einer allgemeinen Instandsetzung der Armenhäuser im Kreise vorzugsweise eingetreten, und endlich hat er allgemein den Grundsatz aufgestellt, daß denjenigen Landgemeinden, welche nach einem vom Kreisausschusse genehmigten Bauplane Armenhäuser aufführten und in denselben je nach Bedarf eine oder mehrere abgesonderte zugängliche Krankenstuben herrichteten, Beihilfen in der Höhe von $^2/_3$ bis $^3/_4$ der Gesamtkosten gezahlt werden sollten, wodurch eine ganze Reihe neuer, wohl eingerichteter, auch weitergehenden Anforderungen entsprechender Armenhäuser entstanden ist; Blankenburg endlich ist in erster Linie an dem Neubau eines städtischen Krankenhauses zu Blankenburg beteiligt und hat außerdem auch bei einigen Armenhausbauten Beihilfen bewilligt. Der Gesamtaufwand für die fragliche Beihilfebewilligung pp. belief sich in der Periode 1872/76 auf 63 456 Mk., in der Periode 1877/81 auf 131 990 Mk. und in der Periode 1882/86 auf 72 385 Mk.; nach dem Durchschnitt aus den letzten drei Jahren stellt sich der bezügliche Jahresaufwand auf 5251 Mk. oder auf 1,6 Mk. auf 100 Köpfe der Bevölkerung; für den letzten Durchschnitt kommen nur die Kreiskommunalverbände Wolfenbüttel, Helmstedt und Gandersheim in Betracht.

Ferner werden Beihilfen an die Gemeinden behufs Tragung der allgemeinen Armenlast von den sämtlichen Kreiskommunalverbänden verwilligt, aber von einzelnen häufiger, von anderen nur ausnahmsweise; eine wechselnde Höhe im einzelnen ist aber an sich schon dadurch gegeben, daß stets das Vorhandensein eines außerordentlichen Umstandes Voraussetzung der Aufwendung bildet; in den drei Perioden 1872/76, 1877/81 und 1882/86 erreichte die gesamte Aufwendung die Höhe von 59 014 Mk., 81 715 Mk. und 72 385 Mk.; der Durchschnitt aus den drei letzten Jahren ist auf 13 037 Mk. für das Jahr oder 4,1 Mk. auf 100 Seelen der Bevölkerung berechnet.

Eine direkte Unterstützung Hilfsbedürftiger findet dann aus den Mitteln des Kreiskommunalverbandes in einer doppelten Weise statt. Einmal sind ja letztere gesetzlich verpflichtet, der herzoglichen Kreisdirektion jährlich eine angemessene Summe zu diesem Zwecke zur Verfügung zu stellen, über welche die Behörde frei verfügt; in den drei letzten Jahren wurde jährlich ein Gesamtbetrag von 28 890 Mk. — entsprechend 9,1 Mk. auf 100 Köpfe der Bevölkerung — aufgewendet, doch waren die Summen für die einzelnen Verbände immerhin verschieden; sie stellten sich folgendermaßen, wobei in

Klammern der auf 100 Köpfe entfallende Betrag beigefügt ist: Ribbagshausen-Bechelde 8245 Mk. (22,0 Mk.), Thedinghausen 288 Mk. (7,0 Mk.), Wolfenbüttel 5649 Mk. (7,1 Mk.), Helmstedt 3658 Mk. (5,2 Mk.), Gandersheim 3129 Mk. (6,8 Mk.), Holzminden 5200 Mk (10,7 Mk.) und Blankenburg 2721 Mk. (8,5 Mk.) Neben den Staatsbehörden bewilligen aber noch die Kreisausschüsse, die ausführenden Organe der Kreiskommunalverbände, aus den Mitteln derselben direkte Unterstützungen, wenn auch nur bei fünf Kreiskommunalverbänden, nämlich: Ribbagshausen-Bechelde 1333 Mk. (3,5 Mk.), Thedinghausen 305 Mk. (7,5 Mk.), Wolfenbüttel 19515 Mk. (24,4 Mk.), Gandersheim 12018 Mk. (26,0 Mk.) und Blankenburg 4976 Mk. (15,6 Mk.); der Gesamtbetrag dieser Unterstützungen übertrifft mit 38147 Mk. (12,0 Mk.) die den Kreisdirektionen zur Verfügung gestellte Summe. Die direkten Unterstützungen werden einesteils als regelmäßige, durchweg jedes Jahr wiederkehrende gewährt, wobei vielfach zur Voraussetzung gemacht wird, daß die Gemeinde in gleicher Weise, wenn auch vielleicht in geringerer Höhe, eine regelmäßige Unterstützung ausgeworfen hat; andernteils beziehen sie sich nur auf außerordentliche Fälle und sind dann regelmäßig einmalige Unterstützungen, aber von nennenswerterer Höhe; wo Unterstützungen von der Kreisdirektion und von dem Kreisausschuß gewährt werden, dient der eine Fonds meist zu dem einen, der andere zu dem anderen Zweck.

Die wesentlichste Leistung der Kreiskommunalverbände auf dem Gebiete der Armenpflege bilden aber doch die Zuschüsse, welche bei Unterbringung von Kranken, Taubstummen, Blinden, Idioten, Wahnsinnigen ꝛc. in den bestehenden Staats- und Privatanstalten bewilligt werden. Die Bewilligung ist durchweg von den einzelnen Kreiskommunalverbänden principiell und zwar in folgender Weise geregelt: Ribbagshausen-Bechelde gewährt als Beihilfe zu den Unterhaltungskosten von Kranken regelmäßig die Hälfte bei besonders hoher Aufwendung, von Blinden nach Bemessung im einzelnen Fall, von Taubstummen das Ganze, von Idioten 200—250 Mk., von Wahnsinnigen 150—200 Mk., von Zöglingen im Wilhelmstift zu Bevern (Erziehungsanstalt für verwahrloste Kinder ꝛc.) das Ganze für den zweiten und jeden folgenden Zögling aus einer Gemeinde und von Waisen nur ausnahmsweise die Hälfte; Thedinghausen bewilligt für Kranke in gleicher Weise regelmäßig die Hälfte, für Blinde 100 Mk., für Taubstumme die Hälfte, ausnahmsweise das Ganze, für Idioten 245 Mk., für Wahnsinnige 200 Mk. und für Zöglinge im Wilhelmstift und für Waisen regelmäßig die Hälfte; Wolfenbüttel trägt gleichmäßig zu dem Unterhalt von Kranken, Blinden, Taubstummen, Idioten, Wahnsinnigen und Zöglingen im Wilhelmstift drei Viertel der Kosten bei, überläßt aber die Waisenpflege ganz den Gemeinden; Helmstedt hat die Beihilfen für Kranke, wenn es sich um Unterbringung Erwachsener in dem Krankenhaus zu Kloster Marienberg oder im herzoglichen Krankenhaus zu Braunschweig handelt, auf zwei Drittel, in allen übrigen Krankheitsfällen auf die Hälfte festgesetzt, für Blinde, Taubstumme, Idioten, Wahnsinnige und Zöglinge im Wilhelmstift auf das Ganze und für Waisen endlich wieder auf die Hälfte; Gandersheim trägt bei Unterbringung von Kranken, Blinden, Taubstummen, Wahnsinnigen und

Zöglingen im Wilhelmsstift die ganzen Kosten, bei der von Idioten $^7/_{11}$, ausnahmsweise $^8/_{11}$, bei der von Waisen aber Nichts; Holzminden verwilligt für Kranke nur bei besonderer Belastung der Gemeinde Beihilfen in verschiedener Höhe bis zum Ganzen, bei der Unterbringung von Blinden und Zöglingen im Wilhelmsstift das Ganze, bei der von Taubstummen die Unterrichtskosten, bei der von Wahnsinnigen die Verpflegungskosten, bei der von Idioten, sofern es sich um Erwachsene handelt, das Ganze, um Kinder drei Viertel, während an der Waisenpflege keine Beteiligung stattfindet; Blankenburg endlich hat die Beihilfen zu der Anstaltspflege von Kranken, Blinden, Taubstummen, Idioten und Wahnsinnigen auf vier Fünftel der Kosten festgesetzt, bei Unterbringung von Zöglingen im Wilhelmsstift auf zwei Drittel und beteiligt sich an der Waisenpflege gleichfalls nicht. In den Grundsätzen für die Beihilfegewährung bei Anstaltspflege sind aber in den letzten zehn Jahren verschiedentlich Änderungen eingetreten, welche aber meist auf eine Erhöhung der regelmäßigen Beihilfe hinausliefen. Die von den Kreiskommunalverbänden gemachten bezüglichen Aufwendungen beliefen sich für die Periode 1872/76 auf 123018 Mk., für 1877/81 auf 317312 Mk. und für 1882/86 auf 495069 Mk., in den letzten drei Jahren aber im Durchschnitt für das Jahr auf 113056 Mk., welche letzte Summe 35,4 Mk. auf 100 Köpfe der Bevölkerung ausmacht; der Satz auf 100 Köpfe der Bevölkerung stellt sich bei Riddaghausen-Vechelde auf 19,8 Mk., bei Thedinghausen auf 41,4 Mk., bei Wolfenbüttel auf 31,2 Mk., bei Helmstedt auf 47,1 Mk., bei Gandersheim auf 32,9 Mk., bei Holzminden auf 44,1 Mk. und bei Blankenburg auf 28,3 Mk. Endlich kommen dann auch noch einzelne sonstige Aufwendungen bei einzelnen Kreiskommunalverbänden vor, so für Unterhaltung der Verpflegungsstationen, Zuschüsse zu den Kosten der Anstellung von Gemeindeschwestern 2c.

Neben den Kreiskommunalverbänden greift der Staat aber auch noch verhältnismäßig stärker ein. Zunächst unterhält er eine Anzahl Anstalten, in welchen gegen an sich billige Sätze Verpflegung stattfindet, so das herzogliche Krankenhaus zu Braunschweig, welches in den letzten Jahren vollkommen neu mit einem Kostenaufwande von über zweieinhalb Millionen Mark aufgeführt worden ist, dem Staat eine Aufwendung an regelmäßigen Unterhaltungskosten, abgerechnet das Extraordinarium, von mehr als 150000 Mk. pro Jahr (1895/96 158479 Mk.) verursacht und von den Armenverbänden einen Verpflegungssatz von 1 Mk. für den Tag erhebt, die herzogliche Heil- und Pflegeanstalt zu Königslutter, welche mit großem Kostenaufwande fortgesetzt vergrößert worden ist, an regelmäßigen Aufwendungen für den Staat gegen 100000 Mk. im Jahr (1895/96 97375 Mk.) erfordert und für die von einem Ortsarmenverband des Herzogtums zu unterhaltenden Kranken den niedrigsten Satz in der dritten Klasse von 210 Mk. jährlich in Rechnung stellt, endlich die herzogliche Erziehungsanstalt Wilhelmstift zu Bevern, in welcher Aufnahme finden: 1. Kinder und sonstige jugendliche Personen, deren Aufnahme von ihren Vätern beantragt wird; 2. Kinder, deren Aufnahme wegen ungenügender sittlicher Erziehung gerichtsseitig verfügt wird; 3. Kinder unter 12 Jahren, deren Aufnahme gerichtsseitig wegen verübter strafbarer oder unsittlicher Handlungen verfügt wird; 4. diejenigen

Personen im Alter von 12—18 Jahren, rücksichtlich welcher auf Grund des § 56 des Reichsstrafgesetzbuches durch Urteil des Gerichts die Unterbringung in eine Erziehungs= und Besserungsanstalt angeordnet ist; die Einrichtung ist für etwa 300 Zöglinge getroffen und erfordert für den Staat einen Kostenaufwand von etwa 80 000 Mk. jährlich (1895/96 80 004 Mk.); von den Armenverbänden sind für unbemittelte Pfleglinge 30 Mk. jährlich zu zahlen. Außerdem unterstützt aber der Staat die von Stiftungen gehaltenen Anstalten teils durch regelmäßige Zuwendungen, teils durch außerordentliche, letztere bei Erweiterungen, Bauten, Umgestaltungen u. s. w. oft in bedeutender Höhe; Anstalten dieser Art sind das Taubstummeninstitut zu Braunschweig, das Krankenhaus der Diakonissenanstalt Marienstift daselbst, die Blindenanstalt Herzog Wilhelm=Asyl daselbst, das Rettungshaus St. Leonhard daselbst, die Idiotenanstalt Neu=Erkerode, das Krankenhaus zu Kloster St. Marienberg bei Helmstedt u. s. w. Endlich gewährt der Staat aber auch direkte Unterstützungen, und zwar fallen darunter einmal die sogenannten definitiven und temporären Unterstützungen aus dem Kloster= und Studienfonds, welche, abgesehen von besonders dringenden Notfällen, nur für Personen (bezw. deren Angehörige) bestimmt sind, welche dem Staate, der Landeskirche oder der Schule als Beamte oder in sonstiger Weise Dienste geleistet haben, und ferner die Unterstützungen aus dem Kammergute, welche nach altem Herkommen als Brotkorn=, Bau=, Nutz= und Brennholz=, Stein=, Torf= und Braunkohlenunterstützungen an bedürftige Landeseinwohner früher nur in natura, jetzt regelmäßig in Geld umgesetzt, verliehen werden; die Höhe ersterer Unterstützungen beläuft sich durchschnittlich jährlich auf 85 000 Mk. (1895/96 86 066 Mk.), unter den letzteren sind die Brotkornunterstützungen (1895/96 13 608 Mk.) und die Brennholzunterstützungen (1896/97 30 951 Mk.) die bedeutendsten.

Herzogtum Sachsen=Meiningen.

Im Herzogtum Sachsen=Meiningen hatte man schon früh erkannt, daß die Übertragung der Lasten nicht nur der besonders kostspieligen Armenanstalten, wie Armenhäuser, Krankenhäuser, Bewahranstalten, sondern auch der mit besonderem Aufwand verbundenen Fälle der Hilfsbedürftigkeit auf die breiteren Schultern größerer Verbände als ein bringliches und unabweisbares Bedürfnis anzusehen sei, und die Gesetzgebung dementsprechend ausgestaltet, was sich nach der Mitteilung herzoglichen Staatsministeriums, Abteilung des Innern, auch auf das beste bewährt hat. Grundlegend ist jetzt das Gesetz vom 24. Februar 1872 zur Ausführung des Bundesgesetzes über den Unterstützungswohnsitz, welches nach der in Frage stehenden Richtung schon weitgehende Bestimmungen trifft, aber durch das Gesetz vom 14. November 1889, zur Ergänzung des Gesetzes vom 24. Februar 1872, betreffend die Ausführung des Bundesgesetzes über den Unterstützungswohnsitz, gerade in dieser Hinsicht noch eine Erweiterung erfahren hat. Jede Gemeinde und jeder Gemarkungsverband bildet für sich einen Ortsarmenverband. Durch Vereinbarung können Gesamtarmenverbände gebildet werden, es ist solches aber bislang nicht geschehen. Jeder der drei Kreise Meiningen, Hildburghausen und Sonneberg bildet einen besonderen Landarmenverband, der vierte

Kreis Saalfeld ist durch Ausscheidung der Kreisabteilung Camburg in zwei Landarmenverbände zerlegt worden. Die nach den §§ 33 und 60 des Unterstützungswohnsitzgesetzes vorläufig dem Staat auferlegte Verpflichtung zur Unterstützung vom Auslande überwiesener hilfsbedürftiger Inländer ohne Unterstützungswohnsitz und von Ausländern ist auf die Landarmenverbände übertragen worden. Die Kreise als Landarmenverbände haben gegenüber den Ortsarmenverbänden, welche zu ihnen gehören, die Verpflichtung, die Kosten der öffentlichen Armenpflege, welche die Unterbringung Geisteskranker, Idioten, Epileptischer, Taubstummer und Blinder in Heil-, Pflege- und Unterrichtsanstalten oder die sonstige Versorgung derselben verursacht, unbeschadet der Verpflichtung der Ortsarmenverbände zur vorläufigen Unterstützung der in ihrem Bezirke der Hilfsbedürftigkeit anheimfallenden Personen, unmittelbar zu übernehmen; in ihrem jetzigen Umfang beruht diese Vorschrift auf dem Gesetz vom 14. November 1889, in dem Gesetz von 1872 war den Kreisen die Fürsorge für die Epileptischen nicht, und bezüglich der übrigen Fürsorge nur die Unterbringung in Heil-, Pflege- und Unterrichtsanstalten auferlegt worden. Die Kreise können außerdem die Kosten der öffentlichen Armenpflege, welche die Fürsorge für Kranke und Sieche erfordert, unmittelbar übernehmen. Verpflichtet sind die Landarmenverbände dagegen wiederum nach Entscheidung des herzoglichen Staatsministeriums, Abteilung des Innern, denjenigen Ortsarmenverbänden ihres Bezirks eine Beihilfe zu gewähren, welche den ihnen obliegenden Verpflichtungen zu genügen unvermögend sind. Endlich müssen die Landarmenverbände in ihren Kranken- und Armenhäusern, soweit die Umstände es gestatten, auf Antrag der Ortsarmenverbände die deren Fürsorge gesetzlich anheimfallenden Personen gegen Entschädigung, welche durch eine vom herzoglichen Staatsministerium, Abteilung des Innern, nach Anhörung der betreffenden Kreisausschüsse festgesetzte Tarifirung geregelt ist, aufnehmen.

Der vorstehenden gesetzlichen Ordnung schließt sich die faktische Thätigkeit der größeren Verbände auf dem Gebiete der Armenpflege eng an. Zunächst sind die meisten Kreise mit der Errichtung besonderer Anstalten zur Armenfürsorge vorgegangen; so besteht für den Kreis Meiningen ein Kreisarmenhaus zu Walldorf (9015 Mk.) und für den Kreis Sonneberg ein solches zu Mupperg (6003 Mk.), ferner für den Kreis Hildburghausen ein Kreiskrankenhaus zu Hildburghausen (2550 Mk.), für den Kreis Sonneberg ein solches zu Bettelhecken (1864 Mk.) und für den Kreis Saalfeld ein solches zu Saalfeld (1200 Mk.), endlich für den Kreis Sonneberg auch ein Kreiswaisenhaus (500 Mk.); nur die Kreisabteilung Camburg besitzt also keinerlei Anstalt; die in Klammern beigefügten Zahlen bezeichnen den Aufwand, welchen die betreffenden Anstalten den Kreisen im Rechnungsjahr 1894 verursacht haben, die Gesamtaufwendungen für die Anstalten beliefen sich danach auf 21 132 Mk. Im Rechnungsjahr 1894 wurden sodann von den Kreisen insgesamt ferner aufgewandt für Landarme 15 371 Mk., für Geisteskranke 86 425 Mk., für Blödsinnige, Taubstumme und Blinde 14 641 Mk. und zur Unterstützung mit Armenlasten überbürdeter Gemeinden 3501 Mk. Die Fürsorge für Kranke und Sieche ist allgemein von keinem Kreise übernommen worden. Der Gesamtaufwand der Kreise als Landarmenverbände, ausschließlich der Ausgaben für Neubauten und sonstiger außerordentlicher Aufwendungen, ist in den zehn Jahren 1884—1893 stetig gestiegen; er stellte sich 1884 auf 87410 Mk., 1885 auf 93023 Mk., 1886 auf 98449 Mk., 1887 100564 Mk., 1888 auf 100472 Mk., 1889 auf 111888 Mk., 1890 auf 113103 Mk., 1891 auf 120645 Mk., 1892 auf 135947 Mk. und 1893 auf 132514 Mk.; im Jahr 1894 ist er sodann wiederum angewachsen auf 141069 Mk. Neben der Thätigkeit der Kreise tritt die des Staates dann verhältnismäßig zurück. In dem Staatshaushaltsetat wird regelmäßig für die Armenpflege nur eine geringe Summe (ca. 1000 Mk.) ausgeworfen, bei Notstandsfällen werden in außerordentlicher Weise Mittel zur Verfügung gestellt. Außerdem unterhält der Staat das Landeskrankenhaus zu Meiningen; dasselbe gewährt für 30 arme heilbare Kranke aus dem Herzogtum unentgeltliche Aufnahme, weitere Kranke werden gegen Erstattung der Verpflegungskosten seitens der Ortsarmenverbände aufgenommen, doch wird vielfach im einzelnen Fall eine Ermäßigung des Verpflegungssatzes gewährt. Außerdem besteht noch eine staatliche Taubstummenanstalt zu Hildburghausen, in welcher die Taubstummen Unterricht und Verpflegung erhalten; die Kreise haben dafür einen jährlichen Verpflegungssatz von 135 Mk. zu entrichten. Endlich besitzt der Staat auch die Landesirrenheil- und Pflegeanstalt zu Hildburghausen und hat dieselbe zu unterhalten; die Kreise können Geisteskranke darin unterbringen, soweit sie heilbar sind oder die öffentlichen Interessen bedrohen, und haben einen Verpflegungssatz von 360 Mk. für das Jahr zu bezahlen.

Fürstentum Waldeck-Pyrmont.

Für die Fürstentümer Waldeck und Pyrmont ist unter dem 11. Mai 1863 eine allgemeine Armenordnung erlassen worden, welche instanzenmäßig Gemeinde, Kreis und Staat vertreten durch die Ortsarmendirektion, die Kreisarmendirektion und die Generalarmendirektion auf dem Gebiete der Armenpflege thätig werden läßt und auch finanziell heranzieht. Die Gemeinde ist die eigentliche Trägerin der Armenpflege; der Ortsarmendirektion liegt unter anderem nach specieller gesetzlicher Vorschrift ob: die Aufstellung der Liste der recipierten Armen, sowie die Festsetzung des Maßes der Unterstützung oder der Art und Weise der Verpflegung; die Bestimmung über den Wegfall oder die Ermäßigung der bis dahin gewährten Unterstützung je nach der Lage und den Umständen der Armen; die Aufstellung der Liste der Hausarmen; die Aufsicht über die Lebensweise der unterstützten Armen ꝛc. Darüber ordnet sich sodann die Kreisarmenpflege, welche von der Kreisarmendirektion geleitet wird; dem Geschäftskreis der letzteren ist gesetzlich eine ganze Reihe von Funktionen zugewiesen, teils auch aufsichtliche ꝛc.; folgende sind besonders hervorzuheben: Beaufsichtigung und Leitung des gesamten Armenwesens des Kreises; Vorsorge und Mitwirkung für Erreichung der Zwecke der Ortsarmenpflege; Verwaltung der Kreisarmenkasse ꝛc. Die Kreisarmenkasse ist dazu bestimmt, „in dringenden Fällen auszuhelfen, wo wegen besonderer Umstände eine einzelne Gemeinde außer stande ist, ihre Armen notdürftig zu unterstützen, beziehungsweise zu erhalten"; sie dient auch dazu, den Ortsarmenkassen Zuschüsse zu gewähren. Gebildet wird die Kreisarmenkasse „durch etwaige Vermächtnisse, Geschenke und Stiftungen, welche für die Armen des Kreises bestimmt sind, sowie durch Zuschüsse aus der Kasse der Generalarmendirektion". In oberster Instanz endlich ist das gesamte Armenwesen der Fürstentümer der Generalarmendirektion unterstellt; dieselbe hat im allgemeinen diejenigen Vorschriften und Maßnahmen zu erlassen und zu ergreifen, welche darauf gerichtet sind, daß das Armenwesen sowohl überhaupt, als in Beziehung seiner einzelnen Zweige gehörig und zweckmäßig, aber auch redlich, gerecht und billig verwaltet werde. Bezüglich des unmittelbaren Eingreifens der Generalarmendirektion in die Armenpflege ist zu bemerken, daß sie gesetzlich Anträge wegen Herstellung, Einrichtung und Ausstattung von Beschäftigungs-, Verpflegungs- und Versorgungsanstalten erledigt und nach Möglichkeit für Errichtung und Gründung derartiger Institute sorgt; ihr sind sodann das Landeshospital zu Flechtdorf, die Einkünfte des ehemaligen Hospitals Leiborn, die Waisenanstalten und die aus der Staatskasse zur Unterstützung unehelicher Kinder bewilligten Beträge unterstellt, sie verfügt auch über die Vorschläge der Kreisarmendirektionen wegen Aufnahmen in das Hospital zu Flechtdorf und die Waisenanstalten, sowie über das auf ihre Verwendung aus der Domanialwaldung an Arme abzugebende Holz und die Unterstützung unehelicher Kinder. Die Kasse der Generalarmendirektion wird aus jährlichen Beiträgen der Staatskasse, aus etwaigen Geschenken und Zuwendungen und aus besonderen Verwilligungen des Staats gebildet; sie ist dazu bestimmt, in außerordentlichen Fällen den Kreisarmendirektionen zu Gunsten armer Gemeinden Zuschüsse oder einzelnen Personen oder Familien Unterstützung zu gewähren. In das so organisierte Armenwesen ist demnächst das Unterstützungswohnsitzgesetz durch das Gesetz vom 29. Juni 1871, betreffend die Ausführung des Bundesgesetzes über den Unterstützungswohnsitz, eingefügt worden. Jede Gemeinde bildet einen Ortsarmenverband, die vier Kreise, der der Twiste, der des Eisenbergs, der der Eder und der Kreis Pyrmont, je einen Landarmenverband; die Ortsarmenverbände werden durch die Ortsarmendirektionen, die Landarmenverbände durch die Kreisarmendirektionen vertreten. Den Landarmenverbänden ist die Unterstützungspflicht in den Fällen des § 33 des Unterstützungswohnsitzgesetzes übertragen worden; ferner sind die Landarmenverbände verpflichtet worden, denjenigen, ihrem Kreise angehörigen Ortsarmenverbänden eine Beihilfe zu gewähren, welche den ihnen obliegenden Verpflichtungen zu genügen unvermögend sind; ob und welche Beihilfe zu leisten ist, entscheidet nach Anhörung des Kreisvorstandes endgültig der Landesdirektor. Die zur Erfüllung der Verpflichtungen der Landarmenverbände erforderlichen Geldmittel werden nach Maßgabe der Kreisordnung vom 16. August 1855 § 10 von den einzelnen Kreisen aufgebracht. Endlich sagt das Gesetz noch: „Die auf besonderen gesetzlichen Bestimmungen oder auf sonstigen Rechtstiteln beruhende Verpflichtung des Staats zur Verpflegung und Heilung armer geisteskranker Personen sowie vermögensloser Nervenfieberkranker wird durch gegenwärtiges Gesetz nicht berührt."

Bezüglich der thatsächlichen Ausgestaltung fehlen leider nähere zahlenmäßige Nachweise, sonst geht sie ja aus den über die gesetzliche Regelung gegebenen Ausführungen schon im allgemeinen hervor. Irgend besondere Anstalten sind bislang von den Kreisen nicht eingerichtet worden, ebenso sind aber auch von dem durch die Generalarmendirektion vertretenen Staat Anstalten nur in einem verhältnismäßig geringen Maße gegründet worden, das Landeshospital zu Flechtdorf, in welchem Sieche und Gebrechliche gegen Gewährung eines einmaligen oder fortlaufenden geringen Zuschusses seitens der Gemeinden untergebracht werden können, ist das einzige, was hier hervorzuheben ist. Dafür hat der Staat aber die Fürsorge für arme Geistes= kranke, insofern sie heilbar oder gemeingefährlich sind, ganz übernommen; er besorgt sie durch Unterbringung in den preußischen Provinzialanstalten zu Marburg, Haina und Merxhausen, mit welchen zu dem Zwecke Verträge abgeschlossen sind; bei Unterbringung anderer Geisteskranker werden ferner sowohl seitens des Staats wie auch seitens der Kreise Beihilfen gewährt. Auch bei der Waisenpflege und der bei Krankheiten notwendigen Anstalts= pflege tritt Staat und Kreis helfend ein. In dem Staatshaushaltsetat ist für die Landesregierung ein Dispositionsfonds zur Unterstützung nicht leistungsfähiger Armenverbände vorgesehen worden, über welchen nach Be= nehmen mit den Kreisbehörden verfügt zu werden pflegt; desgleichen unter= stützen auch die Kreise als Landarmenverbände die vorzugsweise belasteten Gemeinden und der Staat stellt wieder den Kreisen auch Mittel zur Erfüllung ihrer Verpflichtungen zur Verfügung.

Aus den vorstehenden Ausführungen ergiebt sich wohl zur Genüge, daß die Beteiligung der größeren Verbände an der Armenpflege in den sechs dieser Klasse zugezählten Staaten doch bereits eine sehr ausgebildete ist. Sowohl nach der gesetzlichen Regelung, wie auch in der thatsächlichen Aus= gestaltung des ganzen Armenwesens zeigt sich durchweg bei den einzelnen Staaten eine stärkere Inanspruchnahme der größeren Verbände auf dem Ge= biete des Armenwesens und läßt die ganze Entwicklung zum Teil auch erkennen, daß der Zug für die neuere Zeit im allgemeinen dahin gegangen ist, diese Inanspruchnahme noch zu erweitern und auszubauen. Es ist vorzugsweise die einen größeren Kostenaufwand erfordernde Anstaltspflege, deren sich die leistungsfähigeren größeren Verbände angenommen haben, im einzelnen wiederum in einer mannigfach verschiedenen Weise, die aber doch durchweg als eine wesentliche Entlastung der Ortsarmenpflege sich darstellt. Daneben tritt aber auch schon das Bestreben der Verbände, welche zwischen Gemeinde und Staat stehen, hervor, eigene Anstalten für die Armenpflege zu besitzen und zu errichten, wodurch wiederum letzterer nur eine große Förderung zu teil werden kann. Dabei ist aber noch zu beachten, daß bei den Staaten dieser Klasse die Thätigkeit der größeren Verbände sich durchweg vollzieht, ohne die kleineren, die Gemeinden, wieder finanziell in Anspruch zu nehmen, so daß also für diese eine volle Erleichterung gegeben ist. An diese nach der in Frage kommenden Richtung am meisten entwickelten Staaten ist endlich nun noch ein Staat anzuschließen, welcher allerdings an sich als in der fraglichen Entwickelung nicht an die Spitze zu stellen sein würde, welcher aber dadurch besonders sich auszeichnet, daß in ihm schon die größeren Ver= bände allgemein als eigentliche Träger der Armenpflege hingestellt sind, wie solches bezüglich einzelner Staatenteile oben auch schon ausnahmsweise bei einigen Staaten hervorzuheben war. Es handelt sich dabei allerdings nur um einen kleineren Staat, das Fürstentum Lippe=Detmold.

Fürstentum Lippe-Detmold.

Die gesetzliche Regelung für das Fürstentum Lippe ist erfolgt durch das Gesetz vom 12. September 1877 zur Ausführung des Reichsgesetzes über den Unterstützungswohnsitz vom 6. Juni 1870. Jede Stadt und jedes Amt bilden einen Ortsarmenverband; zunächst war das Stift Cappel daneben noch als ein besonderer Armenverband hingestellt, das ist jedoch durch das weitere Gesetz vom 5. Januar 1888, eine Änderung des Gesetzes vom 12. September 1877 zur Ausführung des Reichsgesetzes über den Unterstützungswohnsitz betreffend, geändert worden und ist nunmehr das Stift Cappel in das Amt Lipperode eingeschlossen; die 155 Ortschaften des Fürstentums sind so zu 13 Ortsarmenverbänden — der Zahl der Ämter — vereinigt worden und kommen auf jeden dieser ländlichen Ortsarmenverbände im Durchschnitt etwas über 7000 Einwohner, während die städtischen Verbände sich nur wenig über 4000 Seelen erheben. Das ganze Fürstentum bildet sodann einen Landarmenverband, dessen Verwaltung und Vertretung der Regierung zusteht. Dem Landarmenverbande ist die Verpflichtung übertragen, hilfsbedürftige Deutsche ohne Unterstützungswohnsitz, welche aus dem Auslande auf Verlangen ausländischer Staatsbehörden übernommen werden müssen, zu unterstützen und zu übernehmen, Fall des § 33 des Unterstützungswohnsitzgesetzes. Ferner ist der Landarmenverband verpflichtet, denjenigen Ortsarmenverbänden eine Beihilfe zu gewähren, welche den ihnen obliegenden Verpflichtungen zu genügen unvermögend sind; die Entscheidung darüber, ob und welche Beihilfen zu gewähren sind, steht dem Kabinetsministerium zu. Die zur Erfüllung der Verpflichtungen des Landarmenverbandes aufzubringenden Kosten werden auf die Ortsarmenverbände nach Maßgabe der in den betreffenden Bezirken aufkommenden allgemeinen direkten Staatssteuern verteilt.

Thatsächlich ruht hier also die Armenlast fast ausschließlich auf den Ortsarmenverbänden, welche ja allerdings dadurch, daß sie im wesentlichen in größeren Komplexen zusammengefaßt sind, schon an sich zu leistungsfähigern gemacht wurden; hätte diese Zusammenfassung nicht stattgefunden, so wäre das Fürstentum wohl mit in die erste der gebildeten Klassen einzureihen gewesen. Größere Verbände über den Ämtern sind an der Armenpflege nicht beteiligt. Auch die gesetzliche Vorschrift, daß der im Staat repräsentierte Landarmenverband die mit Armenlasten überbürdeten Ortsarmenverbände zu unterstützen habe, wird für letztere dadurch mehr oder weniger finanziell illusorisch, daß die Kosten des Landarmenverbands wiederum auf die Ortsarmenverbände verteilt werden; es ist darin also im allgemeinen weniger eine Entlastung der Gesamtheit der Ortsarmenverbände als eine gleichmäßigere Verteilung der Gesamtlast zu sehen. Der Staat als solcher beteiligt sich an der Armenpflege im weiteren Sinne nur noch dadurch, daß er die Landesirrenanstalt unterhält und den hilfsbedürftigen Kranken der Amtsarmenverbände in derselben gegen einen mäßigen Verpflegungssatz Aufnahme gewährt. Nach den zahlenmäßigen Ergebnissen ist aber die Armenpflege im Fürstentum Lippe augenscheinlich eine intensivere geworden, denn der Gesamtaufwand für die öffentliche Armenpflege ist nicht allein ein nicht unerheblich höherer geworden, sondern er ist auch ein höherer geworden, obwohl die Gesamtzahl der unterstützten Personen im allgemeinen dieselbe geblieben ist, ja eher einen geringen Rückgang aufweist; die städtischen Ortsarmenverbände haben in den zehn Jahren von 1884 bis 1893 je folgende Personenzahl unterstützt: 461, 488, 497, 479, 483, 449, 480, 502, 510, 497, die ländlichen Ortsarmenverbände: 2733, 2767, 2653, 2779, 2497, 2395, 2467, 2459, 2607, 2524; der Gesamtaufwand für die öffentliche Armenpflege ausschließlich der Ausgaben für Neubauten und sonstigen außerordentlichen Aufwendungen belief sich bei den städtischen Ortsarmenverbänden in den einzelnen bezüglichen Jahren auf folgende Summen: 36 736 Mk., 39 243 Mk., 36 363 Mk., 38 873 Mk., 45 449 Mk., 41 616 M., 43 984 Mk., 45 581 Mk., 49 727 Mk., 49 520 Mk., und bei den ländlichen Ortsarmenverbänden auf folgende: 78 618 Mk., 76 270 Mk., 80 733 Mk., 76 000 Mk., 82 769 Mk., 83 961 Mk., 82 579 Mk., 88 537 Mk., 98 737 Mk., 102 904 Mk; die Gesamtzahl der von dem Landarmenverband unterstützten Personen betrug in den fraglichen Jahren: 40, 26, 38, 29, 27, 33, 41, 78, 118, 109, der Gesamtaufwand dafür: 1896 Mk., 2653 Mk., 2518 Mk., 2921 Mk., 2754 Mk., 3519 Mk., 3271 Mk., 4908 Mk., 6466 Mk., 8179 Mk. Im allgemeinen haben die mit der gesetzlichen Regelung und der praktischen Ausführung derselben bislang gemachten Erfahrungen befriedigt.

Nunmehr verbleibt nur noch übrig, die beiden deutschen Staaten, in welchen das Reichsgesetz über den Unterstützungswohnsitz vom 6. Juni 1870 keine Gültigkeit erlangt hat, der Betrachtung zu unterwerfen: das Königreich Bayern und das Reichsland Elsaß-Lothringen.

Königreich Bayern.

Im Königreich Bayern ist das Armenrecht auf dem Heimatsprincip aufgebaut worden; durch das Gesetz vom 16. April 1868 über Heimat, Verehelichung und Aufenthalt und durch die Novelle dazu vom 23. Februar 1872 sind die näheren Bestimmungen über den Erwerb und Verlust, sowie den Inhalt der Heimat getroffen; im Anschluß daran sind die weiteren Vorschriften über die Armenpflege in dem Gesetz vom 29. April 1869, die öffentliche Armen- und Krankenpflege betreffend, gegeben worden. Nach dem zuerst angeführten Gesetze vom 16. April 1868 gewährt die Heimat in einer Gemeinde bei eintretender Hilfsbedürftigkeit den Anspruch auf Unterstützung; damit war schon die öffentliche Armenpflege in erster Linie den politischen Gemeinden übertragen und das Gesetz vom 29. April 1869 legt auch die örtliche Armenpflege, in welcher der Hauptschwerpunkt der öffentlichen Armenpflege überhaupt zu finden ist, den politischen Gemeinden auf. Bezüglich der hier speciell zu behandelnden Frage ist daher auch der Unterschied in der principiellen Stellung zum Armenrecht, welcher das Königreich Bayern von den Staaten des Unterstützungswohnsitzgesetzes scheidet, nur von untergeordneter Bedeutung. Allerdings das Institut des Landarmenverbandes, an welches sich bei den Staaten des Unterstützungswohnsitzgesetzes vielfach gerade die Beteiligung der größeren Verbände zunächst anlehnt, kennt man im Königreich Bayern nicht; trotz des Fehlens dieses Ausgangspunktes sind aber doch im Königreich Bayern die größeren Verbände in höherem Maße durch die Distriktsarmenpflege und die Kreisarmenpflege zur Thätigkeit herangezogen, wie solches in der dritten und vierten Abteilung des Gesetzes über die öffentliche Armen= und Krankenpflege näher geordnet ist. Die Distrikts= armenpflege bildet eine Aufgabe der Distriktsgemeinde und umfaßt: 1. die Unterstützung der mit Armenlasten überbürdeten Gemeinden des Distrikts; 2. die Unterhaltung der bestehenden Distriktswohlthätigkeits= und Kranken= anstalten; 3. die Ansammlung und allmähliche Vermehrung eines besonderen Distriktsarmenfonds; 4. die Errichtung von Distriktsarmenhäusern, Be= schäftigungsanstalten, Armenkolonieen und Krankenhäusern, sowie von Distrikts= anstalten zur Erziehung armer verwahrloster Kinder; 5. die Gründung von Spar= und Vorschußkassen und ähnlichen Anstalten; die unter Ziffer 1 bis 3 er= wähnten Leistungen bilden gesetzliche Lasten gemäß Artikel 27 und Artikel 29 Absatz II des Gesetzes vom 28. Mai 1852, die Distriktsräte betreffend. Die Mittel zur Deckung des Bedarfs der Distriktsarmenpflege sind zu schöpfen: 1. aus den Nutzungen des Distriktsarmenfonds; 2. aus den auf Gesetz oder besonderen Rechtstiteln beruhenden Leistungen des Staates, des Kreises, einzelner Stiftungen, Genossenschaften, Gemeinden oder anderer — juristischer oder physischer — Personen; 3. aus freiwilligen Zuschüssen des Staats oder des Kreises, aus Beiträgen von Gemeinden oder Privaten, welchen eine distriktive Einrichtung einen besonderen Vorteil gewährt, endlich aus sonstigen außerordentlichen Einnahmen; reichen alle diese Mittel nicht aus, so ist der noch ungedeckte Bedarf durch die Distriktsgemeinde auf= zubringen. Die Besorgung der Distriktsarmenpflege, insbesondere die Ver= waltung des Distriktsarmenvermögens und der distriktiven Armenanstalten und Einrichtungen findet nach den gesetzlichen Vorschriften über die Behand= lung der sonstigen Distriktsgemeindeangelegenheiten statt und gehört hiernach zum Wirkungskreise des Distriktsrates und des Distriktsratsausschusses; an den betreffenden Sitzungen dieser Organe haben jedoch die Bezirksärzte sowie zwei zu diesem Zwecke am Beginne jeder Distriktswahlperiode und auf die Dauer derselben von dem neu gebildeten Distriktsratsausschusse nach Stimmen= mehrheit gewählte Pfarrer des Distrikts mit voller Stimmberechtigung teil= zunehmen, welche eventuell auch durch Ersatzleute vertreten werden können. Die Kreisarmenpflege umfaßt alle auf öffentliche Armenpflege bezüglichen Leistungen, welche den Kreisgemeinden auf Grund gesetzmäßiger Beschlüsse ihrer Vertreter oder auf Grund besonderer gesetzlicher Bestimmungen obliegen, namentlich die Unterhaltung und Begründung von Wohlthätigkeits= und Beschäftigungsanstalten, Armenkolonien, Irrenhäusern und anderen Sanitäts= anstalten, und die Unterstützung der mit Armenlasten überbürdeten Distrikts= gemeinden; die Kreisarmenpflege gehört zum Wirkungskreise des Landrates und des Landratsausschusses nach Maßgabe der Artikel 15 und 33 des Gesetzes vom 28. Mai 1852, die Landräte betreffend, welches Gesetz auch auf die Deckung der Kreisarmenpflege Anwendung findet; der Landrat hat bei jeder seiner ordentlichen Jahresversammlungen darüber zu beraten und zu beschließen, ob und in welchem Umfange einzelne Distriktsgemeinden des Kreises als mit Armenlasten überbürdet erscheinen und deshalb einer Kreis= unterstützung bedürfen. Diese Vorschriften des Gesetzes vom 29. April 1869 sind durch das weitere Gesetz vom 3. Februar 1888, betreffend die Abänderung einiger Bestimmungen des Gesetzes vom 29. April 1869 über die öffentliche Armen= und Krankenpflege, Artikel 5, noch in folgenden Beziehungen ergänzt worden: Als mit Armenlasten überbürdet ist eine Gemeinde dann zu erachten, wenn der durch Umlagen aufzubringende Zuschuß aus der Gemeindekasse zur Bestreitung des Bedarfs der Armenkasse im Zusammenhalte mit den für die sonstigen Gemeindebedürfnisse zu erhebenden Umlagen eine Höhe erreicht, daß hierdurch der Nahrungsstand eines erheblichen Teiles der Umlagenpflichtigen gefährdet wird. Jene Gemeinden, welche eine Unterstützung aus Distriktsmitteln beanspruchen, haben diesen Anspruch jährlich vor der ordentlichen Distriktsratsversammlung beim Bezirksamte schriftlich anzumelden; die eingekommenen Gesuche sind vom Bezirksamte zu instruieren und dem Distriktsrate zur Beschlußfassung vorzulegen; lehnt der Distriktsrat den Anspruch einer Gemeinde ganz oder teilweise ab, so steht der Gemeinde gegen den ablehnenden Beschluß binnen 14 Tagen nach dessen Eröffnung die Beschwerde an die Kreisregierung, Kammer des Innern, zu, welche auf Grund kollegialer Beratung darüber beschließt, ob und in welchem Umfange die Gemeinde als mit Armenlasten überbürdet zu erachten und welche Unterstützung aus Distriktsmitteln ihr deshalb zu gewähren sei; gegen die Entschließung der Kreisregierung findet nach Maßgabe des Artikel 23 des Gesetzes vom 28. Mai 1852, die Distriktsräte betreffend, die Berufung an das k. Staatsministerium des Innern statt. Die Hälfte des Aufwandes, welcher den Distriktsgemeinden für die Unterstützung der mit Armenlasten überbürdeten Gemeinden des Distrikts jährlich erwächst, ist von der Kreisgemeinde den Distriktsgemeinden aus Kreismitteln zu ersetzen.

Zu dem vorstehenden ist noch Folgendes erläuternd hinzuzufügen: Nach dem Gesetze vom 28. Mai 1852, die Distriktsräte betreffend, bildet jeder Amtsbezirk einer Distriktsverwaltungsbehörde — in der Pfalz jeder Kanton — eine Distriktsgemeinde und in einem jeden derselben besteht als Vertreter dieser Korporation ein Distriktsrat; Distrikts=Verwaltungsbehörden waren derzeit die damaligen Landgerichte (jetzt Amtsgerichte); als bei der Reorganisation im Jahre 1862 die Verwaltung den Landgerichten abgenommen und nur dafür geschaffenen eigenen Behörden, den Bezirksämtern, übertragen wurde, legte man vielfach zwei oder drei Landgerichtsbezirke zu einem Bezirksamt zusammen, während man die korporativen Distriktsgemeinden meist in ihrem bisherigen Umfange bestehen ließ; so entspricht denn jetzt der Bezirk einer Distriktsgemeinde durchweg dem eines Amtsgerichtes, deren das Königreich Bayern 269 besitzt; besteht eines der 151 Bezirksämter aus mehreren Amtsgerichtsbezirken, so umfaßt es meist auch mehrere Distriktsgemeinden. Zum Wirkungskreise des Distriktsrates gehören nach dem Gesetz alle Angelegenheiten, welche die der Distriktsgemeinde als Korporation zustehenden Rechte und Verbindlichkeiten betreffen, und ist dabei insbesondere auch hervorgehoben: die Beantragung von Einrichtungen und Anstalten, welche nicht schon gesetzlich erforderlich sind, aus Distriktsmitteln; jede Distriktsgemeinde ist verbunden, alle Leistungen zu bestreiten, welche ihr nach Gesetz, besonderen Rechtstiteln oder infolge der Beschlüsse des Distriktsrates obliegen; als gesetzliche Distriktslast soll insbesondere auch angesehen werden die Unterhaltung bestehender oder künftig neu entstehender Distriktsanstalten; die Distrikts-Armenpflege richtet sich nach den dieselbe diesseits regelnden gesetzlichen Normen, Distriktsumlagen zum Behufe derselben fallen dem Wirkungskreise des Distriktsrates nach Maßgabe des Gesetzes anheim, die Anregung derselben kommt dem Distrikts-Armenpflegschaftsrate zu, welcher berechtigt ist, seine Anregungen und Vorschläge in dem Distriktsrate durch Abgeordnete zu vertreten. Die Mittel zur Bestreitung der Distriktsbedürfnisse sind vor allem zu schöpfen: a. aus den Nutzungen des Distriktsgemeinde-Vermögens, welches jedoch im Grundstock ungeschmälert erhalten werden soll; b. aus den auf Gesetz oder besonderen Rechtstiteln beruhenden Leistungen des Staats, der Stiftungen, der Gemeinden oder anderer juristischer oder physischer Personen; c. aus den freiwilligen Zuschüssen von Staats- oder Kreisfonds oder von den aus der Unternehmung zunächst Vorteil ziehenden Gemeinden und Privaten; in Ermangelung oder bei Unzureichenheit dieser Quellen ist der Fehlbetrag durch Distriktsumlagen zu decken, welche nach dem Gesamtbetrage der im Distrikte zur Erhebung kommenden direkten Steuern zu verteilen sind. — Das Königreich Bayern ist sodann für die innere Verwaltung in acht Regierungsbezirke mit je einer Kreisregierung, Kammer des Innern, an der Spitze eingeteilt; nach dem Gesetze vom 28. Mai 1852, die Landräte betreffend, bildet jeder Regierungsbezirk eine Kreisgemeinde und in jedem derselben besteht als Vertreter dieser Korporation ein Landrat. Zum Wirkungskreise des Landrats gehört die Prüfung des jährlichen Voranschlages aller nach Maßgabe der bestehenden Gesetze von den Kreisgemeinden zu tragenden Ausgaben und der Antrag auf Feststellung der zur Deckung derselben erforderlichen Kreisumlagen; derselbe hat die Befugnis, die aus Kreismitteln zu bestreitenden Leistungen oder Ausgaben für Kreiseinrichtungen und Anstalten, soweit sie nicht schon gesetzlich von der Kreisgemeinde getragen werden müssen, zu beantragen und mit Zustimmung der Landesbehörden oder auf den Antrag der letzteren zu bewilligen; wo nicht die Gesetze oder besondere Rechtstitel die Kreisgemeinden zu bestimmten Leistungen verpflichten, kann überhaupt die Verwendung der Kreisfonds nur mit Zustimmung des Landrats geschehen. Die zur Erfüllung der Kreisverpflichtungen notwendigen Mittel werden durch Kreis-Umlagen aufgebracht, der alle direkte Steuerarten in sich begreifende Steuerfuß ist der Maßstab für die Beiträge zu den Kreis-Umlagen, ein anderer Maßstab kann auf Antrag des Landrates nur im Wege des Gesetzes eingeführt werden.

Für das Königreich Bayern kommen demnach drei Arten größerer Verbände als thätige Faktoren auf dem Gebiete der Armenpflege in Betracht, die Distriktsgemeinde, die Kreisgemeinde und der Staat. Was zunächst die Distriktsgemeinde anlangt, so ist für dieselbe einmal die Unterstützung überbürdeter Gemeinden zu berühren, welche mit der Zeit einen immer größeren Umfang angenommen hat. Zu der Vorschrift des Gesetzes vom 3. Februar 1888, nach welcher eine Gemeinde als mit Armenlasten überbürdet dann zu erachten, wenn der durch Umlagen aufzubringende Zuschuß aus der Gemeindekasse zur Bestreitung des Bedarfs der Armenkasse im Zusammenhalte mit den für die sonstigen Gemeindebedürfnisse zu erhebenden Umlagen eine Höhe erreicht, daß hierdurch der Nahrungsstand eines erheblichen Teils der Umlagepflichtigen gefährdet wird, ist durch die Ministerialentschließung vom 17. Februar 1888, Vollzug des fraglichen Gesetzes betreffend, eine nähere und zwar dem Wortlaut einen weiteren Sinn unterlegende Erklärung in folgender Weise gegeben worden: "Eine Gefährdung des Nahrungsstandes im Sinne dieser Bestimmung ist jedoch nicht bloß dann gegeben, wenn durch die Höhe der Umlagen die gesamte wirtschaftliche Existenz einer größeren Zahl von Umlagepflichtigen unmittelbar in Frage gestellt wird, sondern auch schon dann, wenn durch die Höhe der Umlagen die Besorgnis begründet ist, daß ein erheblicher Teil der Umlagepflichtigen mit ihren Familien in der Befriedigung ihrer notwendigen Lebensbedürfnisse beeinträchtigt werde. In der Absicht des Gesetzes liegt es, daß jeder mit Armenlasten überbürdeten Gemeinde nach dem Maße des bestehenden Bedürfnisses durch die Zuschüsse des Distriktes und des Kreises auch wirklich geholfen werde." Im Jahre 1896 wurden auf diese Weise 1417 Gemeinden, d. f. 17,6%, der 8021 Gemeinden des Königreichs, als mit Armenlasten überbürdet von den Distriktsgemeinden unterstützt und betrug der Gesamtaufwand für diese Unterstützungen 263 157 Mk.; in den Jahren 1884 bis 1888 betrug der bezügliche Aufwand der Distriktsgemeinden 146 691 Mk., 148 551 Mk., 152 283 Mk., 148 683 Mk. und 158 657 Mk.; es zeigt sich also im allgemeinen eine wenn auch geringere Steigerung; im Jahre 1889 geht dann infolge des Gesetzes vom 3. Februar 1888 der Aufwand stärker in die Höhe auf 216 847 Mk. und findet von da an ganz regelmäßig von Jahr zu Jahr eine weitere, bald mehr, bald weniger bedeutende Steigerung statt, die Zahlen für die Jahre 1890 bis 1895 sind folgende: 218 913 Mk., 224 474 Mk., 228 400 Mk., 243 167 Mk., 251 285 Mk. und 261 788 Mk., wobei die beiden letzten Zahlen nach den Haushaltsetats der Distriktsgemeinden angegeben sind, während sich die übrigen auf die thatsächlichen Verausgabungen beziehen. Die Zahl der unterstützten Gemeinden belief sich im Jahre 1881 auf 1249, im Jahre 1893 auf 1353, so daß also auch in dieser Richtung ein Fortschritt zu konstatieren ist. Der absoluten Höhe nach sind den Unterstützungen überbürdeter Gemeinden aber die Aufwendungen für die distriktiven Anstalten noch überlegen. Im Jahre 1893 gab es 148 distriktive Krankenanstalten — darunter eine Anstalt für weibliche Unheilbare und ein Distrikts=Epidemiehaus, ein Krankenhaus zugleich Armenversorgungs= und Rettungsanstalt, ein weiteres zugleich Pfründenanstalt —, welche insgesamt einen Ausgabenetat von 1 131 908 Mk. aufwiesen; daneben bestanden noch 23 Distriktsanstalten für Armenversorgung, Armenbeschäftigung, Waisenpflege, verwahrloste Kinder, welche eine Gesamtausgabe von 177 998 Mk. verursachten; unter diesen letzteren Anstalten befanden sich eine Distriktsschulsuppenanstalt, neun Anstalten für verwahrloste Kinder, vier Armenversorgungsanstalten, drei Waisenanstalten, eine Armenversorgungs=, Waisen= und Rettungsanstalt, eine Anstalt für verwahrloste Kinder und zugleich Armenversorgungsanstalt, zwei Armenbeschäftigungsanstalten. Die vorbezeichneten Ausgabesummen enthalten übrigens die Gesamtheit der Ausgaben, nicht etwa nur die Aufwendungen der Distriktsgemeinde für ihre Anstalten. Diese Aufwendungen sind aber in gleicher Weise von Jahr zu Jahr beträchtlichere geworden, sie stellten sich für die Jahre von 1884 bis 1893 auf folgende Summen: 298 026 Mk., 309 731 Mk., 316 654 Mk.,

Die Beteiligung größerer Verbände an der Armenlast in den deutschen Staaten ꝛc. 77

300 581 Mk., 317 221 Mk., 304 979 Mk., 316 209 Mk., 313 272 Mk., 363 999 Mk., 397 585 Mk.; es ist also in den zehn Jahren ein Anwachsen um etwa ein Drittel eingetreten; die distriktiven Anstalten haben sich in der gleichen Zeit von 162 auf obige 171 erhoben. Die Distriktsarmenfonds sind in den zehn Jahren 1884/93 um nachstehende Beträge vermehrt: 44 311 Mk., 36 098 Mk., 40 751 Mk., 32 797 Mk., 47 809 Mk., 41 541 Mk., 40 837 Mk., 35 713 Mk., 40 102 Mk., 48 873 Mk. Endlich kommen noch die sogenannten freiwilligen Leistungen in Frage, welche im wesentlichen die Aufwendungen für Errichtung neuer Wohlthätigkeitsanstalten und daneben die sonstigen Leistungen enthalten; mit Rücksicht auf die ersteren Beträge müssen dieselben in den einzelnen Jahren an sich schon wechselndere sein; sie stellen sich für die bisher berücksichtigten Jahre 1884/93 folgendermaßen: 108 117 Mk., 140 082 Mk., 299 969 Mk., 177 343 Mk., 151 617 Mk., 175 909 Mk., 189 856 Mk., 261 225 Mk., 295 379 Mk., 423 891 Mk. Die Gesamtaufwendungen der Distriktsarmenkassen sind von 645 127 Mk. im Jahre 1881 bis auf 1 113 908 Mk. im Jahre 1893 angestiegen, also um 468 781 Mk. oder 72,7%; auf den Kopf der Bevölkerung berechnet betrug der Gesamtaufwand in den zehn Jahren 1884/93: 0,13 Mk., 0,14 Mk., 0,18 Mk., 0,15 Mk., 0,15 Mk., 0,17 Mk., 0,17 Mk., 0,19 Mk., 0,21 Mk., 0,25 Mk.; auch in diesen Verhältniszahlen tritt also die Steigerung in stärkerem Maße hervor.

In den Bereich der Kreisarmenpflege fällt sodann insbesondere die Errichtung und Unterhaltung von Kreis-Sanitäts- und Wohlthätigkeitsanstalten, namentlich von Irren-, Gebär- und Krankenanstalten, sowie die Unterstützung der mit Armenlasten überbürdeten Distriktsgemeinden. Kreisirrenanstalten bestehen zur Zeit zehn, nämlich die zu München, Gabersee, Deggendorf, Klingenmünster, Karthaus-Prüll, Bayreuth, Erlangen, Werneck, Kaufbeuren und Irsee; ihr Durchschnittsbestand insgesamt hat sich in der Zeit von 1884 bis 1893 von 3488 auf 4509 erhöht und in der gleichen Zeit sind die Gesamtausgaben von 1 045 034 Mk. bis auf 1 338 938 Mk. angewachsen; die Leistungen der Kreisgemeinden für die Irrenanstalten beliefen sich in den zehn Jahren 1884/93 auf folgende Summen: 765 195 Mk., 751 947 Mk., 857 508 Mk., 893 573 Mk., 824 012 Mk., 887 682 Mk., 970 322 Mk., 703 727 Mk., 776 649 Mk. Dazu kommen dann die Leistungen für sonstige Sanitäts- und Wohlthätigkeitsanstalten, bezüglich deren ich aber der Kürze wegen und zur Vermeidung einer Anhäufung zu großen Zahlenmaterials nur die reinen Aufwendungen der Kreise für das Jahr 1893 anführen will; in demselben wurden verausgabt für Taubstummenanstalten 62 315 Mk., für Blindeninstitute 10 064 Mk., für Anstalten für krüppelhafte Kinder 16 920 Mk., für Krankenanstalten 267 993 Mk., für Gebäranstalten 19 880 Mk., für Kretinenanstalten 33 850 Mk. und für Anstalten für verwahrloste Kinder 125 881 Mk., die meisten dieser Ausgaben haben auch in dem letzten Jahrzehnt eine Erhöhung erfahren; diese Verausgebungen sind teils zur Unterhaltung eigener Kreisanstalten, welche zahlreich vorkommen, geleistet, teils aber auch durch Subventionierung von Stiftungs- oder Privatanstalten entstanden, welchen letzteren dann regelmäßig die Verpflichtung auferlegt wird, Arme teils unentgeltlich, teils gegen geringere Vergütung seitens der unterstützungspflichtigen örtlichen Armenpflegen in Behandlung zu nehmen. Unter die Leistungen der Kreisgemeinden für Armenzwecke wird ferner noch eine Aufwendung für Stipendien gerechnet, welche sich 1884 auf 111 490 Mk., 1893 aber auf 140 532 Mk. belief. Endlich sind noch einzubegreifen die Unterstützungen an Distrikte und Gemeinden, welche gerade vorzugsweise besonders auch nach dem Gesetz von 1888 in die Höhe gegangen sind, in den dreizehn Jahren von 1881 bis 1893 haben sie sich von 69 569 Mk. auf 200 205 Mk. erhoben, also beinah verdreifacht. Die Gesamtaufwendungen der Kreise für Armen= und Wohlthätigkeitszwecke sind während der dreizehn Jahre 1881/94 von 157 419 Mk auf 1 786 036 Mk. gestiegen und haben sich demnach um 211 617 Mk. oder 13,4 % vermehrt; auf den Kopf der Bevölkerung berechnet sich für die zehn Jahre von 1884 bis 1893 ein Betrag von 0,27 Mk., 0,28 Mk., 0,31 Mk., 0,32 Mk., 0,31 Mk., 0,31 Mk., 0,33 Mk., 0,34 Mk., 0,30 Mk., 0,31 Mk., im allgemeinen also auch hier eine Steigung.

Der Staat endlich beteiligt sich einmal insofern direkt an der Armenpflege als ihm die durch die Unterstützung von Nichtbayern erwachsenden Kosten dann zur Last fallen, wenn nach den bestehenden Staatsverträgen ein Ersatzanspruch an das Heimatland des Unterstützten ausgeschlossen ist oder die Geltendmachung ohne Erfolg bleibt, und als ihm ferner die Unterstützung der sogenannten Heimatlosen, d. i. derjenigen Personen, obliegt, deren Heimat nicht ermittelt werden kann; diese Unterstützungen an Nichtbayern und an Heimatlose sind von der örtlichen Armenpflege vorzuschießen und werden durch die Kreisregierungen zum Ersatz auf die Staatsfonds angewiesen. Im Staatshaushaltsetat ist ein besonderes Kapitel für Wohlthätigkeit, in welches in dem letzten Jahrzehnt regelmäßig eine zwischen 300 und 350 000 Mk. variierende Summe eingestellt worden ist; von dieser Summe entfallen etwa zwei Drittel auf die Unterstützung an Nichtbayern und Heimatlose, ein Drittel auf Beiträge an Armen= und Krankenkassen, welche auch noch gewährt werden. Endlich unterhält der Staat aber auch noch eine ganze Anzahl von einzelnen Anstalten, welche der Armenpflege dadurch mit helfen, daß sie teils frei, teils gegen den wirklichen Kosten nicht entsprechende Sätze Hilfsbedürftige in Pflege nehmen; andere derartige Anstalten werden auch wohl staatlich regelmäßig subventioniert; ich will nur einige dieser Anstalten hier kurz anführen: die Universitätskliniken, die Gebäranstalt zu München, die Heilanstalt für krüppelhafte Kinder in München, das Central=Blindeninstitut zu München, das Central=Taubstummeninstitut zu München 2c.

Nach alle diesem ist also die Beteiligung der größeren Verbände an der Armenpflege im Königreich Bayern eine sehr weitgehende und zwar nicht nur nach der gesetzlichen Regelung, sondern ebenso auch nach der thatsächlichen Ausgestaltung; das Königreich würde bei Einrangierung in die oben gebildeten Klassen jedenfalls mit in die die weiteste Entwicklung zeigende Klasse aufzunehmen gewesen sein. Der Zustand ist demnach auch als ein befriedigender zu bezeichnen; die gesetzlichen Vorschriften haben sich nach den thatsächlichen Erfahrungen bewährt, was schon daraus erhellt, daß seit der Wirksamkeit des Gesetzes vom 3. Februar 1888 die früher bestandenen lebhaften Klagen der Gemeinden wegen Überbürdung mit Armenlasten sehr merklich abgenommen haben, denn es ist durch das genannte Gesetz jeder politischen Gemeinde, welche sich als mit Armenlasten überbürdet erachtet, der Weg vorgezeichnet, auf welchem sie im gesetzlichen Instanzenzuge eine ihren individuellen Verhältnissen und ihrer Armenbelastung entsprechende Beihilfe aus Distriktsmitteln erlangen kann; indem ferner die Hälfte der von den Distriktsgemeinden desfalls aufzuwendenden Kosten denselben von den Kreisgemeinden aus Kreisfonds zu ersetzen ist, wird zugleich eine weitere Verteilung der Armenlast auf breitere Schultern und die Möglichkeit wirksamster Unterstützung herbeigeführt.

Reichsland Elsaß-Lothringen.

In den Reichslanden ist das Reichsgesetz über den Unterstützungswohnsitz gleicherweise nicht zur Einführung gelangt, sondern es ist die Regelung des Armenwesens nach dem französischen System beibehalten; dadurch weicht aber die ganze Ausgestaltung der Armenpflege ganz wesentlich von der im übrigen Deutschland ab, denn es giebt auch keine inhaltlich dem Unterstützungswohnsitz ähnliche Landesgesetze, insbesondere besteht keine obligatorische Armenpflege, ausgenommen die Bezirkspflege für die Geisteskrankheiten und für hilfsbedürftige Kinder (Findelkinder, verlassene Kinder, Waisen). Eine Beteiligung der größeren Verbände an der Armenpflege findet aber auch in Elsaß-Lothringen statt. Die öffentliche örtliche Armenpflege wird daselbst teils durch besondere Ortsarmenanstalten (Armenräte, bureaux de bienfaisance), teils durch Gemeindespitäler und Hospizien, teils endlich durch die Gemeinden selbst, und zwar entweder in Konkurrenz mit den vorgenannten Instituten, oder, wo solche fehlen, an ihrer Stelle wahrgenommen. Sie ist fakultativ in dem Sinne, daß sie, abgesehen von den Beiträgen der Gemeinden für Geisteskranke und unterstützte Kinder, nicht über das Maß der besonderen nach gesetzlicher Vorschrift oder durch freie Gewährung dazu verfügbar gestellten Mittel hinaus gewährt zu werden braucht. Jene Mittel schöpft die örtliche Armenpflege aus Stiftungen, Vermächtnissen, Geschenken, Kollekten und Lotterien, aus Beiträgen, welche die Gemeinden in ihren Budgets verfügbar stellen, aus den Erträgen einer besonderen Armensteuer vom Eintrittsgeld zu öffentlichen Vergnügungen und endlich aus den Erträgen der Arbeit der in den Gemeindehospizien und -Spitälern untergebrachten Personen. Soweit weder die öffentliche örtliche Armenpflege, noch die Wohlthätigkeit kirchlicher Genossenschaften oder Privater Hilfsbedürftigen zu helfen bereit oder imstande ist, pflegen die Bezirke oder der Staat helfend einzugreifen.

Die Thätigkeit der Bezirke (Departements) auf dem Gebiete der Armenpflege ist teils eine obligatorische, auf gesetzlicher Vorschrift beruhende, teils eine fakultative, eine in autonomen Beschlüssen der Bezirke selbst begründete. Die obligatorische Armenpflege, welche namentlich auch nach dem Kostenaufwande die weitaus wesentlichere ist, besteht einmal in der Fürsorge für die Geisteskranken und ferner in der Fürsorge für die unterstützten Kinder (Waisenpflege im weiteren Sinne). Die Fürsorge für die Geisteskranken liegt den Bezirken in der Hauptsache nach den Bestimmungen des Irrengesetzes vom 30. Juni 1858 ob, und zwar haben sie zu leisten sowohl den Bau wie die Unterhaltung der Irren-Heil- und -Pflegeanstalten, als den Transport der Geisteskranken nach den Pflegeanstalten, als endlich auch wenigstens zum größten Teile die Bestreitung des Aufwandes für die Pflege der zur Aufnahme kommenden armen Geisteskranken. Die Bezirke Unterelsaß und Oberelsaß unterhalten gemeinschaftlich die Irrenanstalten Stephansfeld und Hoerdt, der Bezirk Lothringen die Irrenanstalt in Saargemünd; die Gemeindebeiträge für die in diesen Anstalten untergebrachten armen Geisteskranken werden in jedem Einzelfalle durch den Bezirkspräsidenten festgesetzt; die Aufnahmepflicht erstreckt sich auf alle Geisteskranke, die der Heilung fähig sind, oder die ohne Gefahr für sich und andere der Privatpflege nicht überlassen werden können. Eine Anzahl vorzugsweise der Stadt Straßburg bezw. dem Bezirk Unterelsaß angehöriger armer Geisteskranker findet übrigens auch in der Irrenklinik der Universität Straßburg auf Kosten des Bezirks Aufnahme und Behandlung. Zahlenmäßige Angaben über die Höhe der bezüglichen Bezirksaufwendungen kann ich nur der vorzüglichen und eingehenden Darstellung, welche der verstorbene Bezirkspräsident z. D. Freiherr von Reitzenstein in der „ländlichen Armenpflege und ihrer Reform" gegeben hat, entnehmen, einer Darstellung, welcher ich auch sonst hier im wesentlichen folge und auf die ich bezüglich des näheren nur verweisen kann; danach wurden in den bezüglichen Budgets für das Jahr 1886/87 an reinen Aufwendungen der Bezirke, also abzüglich der Erstattungen von Privaten und Gemeinden, für den in Frage stehenden Gegenstand ausgeworfen im Bezirk Unterelsaß 149700 Mk., im Bezirk Oberelsaß 115000 Mk. und im Bezirk Lothringen 137600 Mk. Die Fürsorge für unterstützte Kinder hat sich als eine obligatorische für die Bezirke allmählich aus den älteren noch von Napoleon I. herrührenden Bestimmungen heraus entwickelt und gewissermaßen mit einem Gesetz vom 5. Mai 1869 ihren Abschluß erreicht; während früher die Depositärhospize (hospices dépositaires) diesen Zweig der Armenpflege hauptsächlich in den Händen hatten, ist er jetzt den Bezirken übertragen und erfolgt nur noch durch Vermittlung jener Hospize, von welchen je eins im Unterelsaß und in Lothringen und vier im Oberelsaß bestehen; aber nur die Minderzahl dieser Kinder wird in den Hospizen selbst verpflegt, die meisten werden zu Pflegeeltern ausgethan und ihre Unterhaltung und Erziehung durch vom Staate bezahlte Waiseninspektoren überwacht; Gegenstand der Pflege durch die öffentliche Waisenverwaltung sind zur Zeit alle Kinder, deren Eltern unbekannt, oder welche von den Eltern verlassen wurden, oder deren Eltern verstorben sind; die Pflege dauert in der Regel bis zur Beendigung des schulpflichtigen Alters, bei kränklichen, schwächlichen oder weniger bildungsfähigen Kindern nach Befinden auch länger, außerdem findet bis zur Beendigung des 21. Lebensjahres noch eine Beaufsichtigung durch die Waisenverwaltung, Fürsorge für Unterbringung in Lehre oder Gesindedienst, Gewährung einzelner Unterstützungen, Pflege in Krankheitsfällen u. s. w. statt; an den Kosten sind übrigens Gemeinden und Staat nach den im einzelnen geschehenen Festlegungen beteiligt, doch verbleibt der wesentlichere Teil immer den Bezirken; im Jahr 1882/83 betrug die Zahl der dauernd und zeitweilig unterstützten Kinder im Unterelsaß 1384, im Oberelsaß 1231 und in Lothringen 1057, der Aufwand verteilte sich in folgender Weise auf Bezirk, Staat und Gemeinden: Unterelsaß: Bezirk 86309 Mk., Staat 3411 Mk., Gemeinden 28515 Mk.; Oberelsaß: Bezirk 105350 Mk., Staat 3136 Mk., Gemeinden 21074 Mk.; Lothringen:

Bezirk 65388 Mk., Staat 4749 Mk., Gemeinden 12221 Mk. — Die Thätigkeit der Bezirke, welche auf autonomen Beschlüssen beruht, ist wiederum teils eine unmittelbare, teils eine mittelbare. Die unmittelbaren Leistungen, welche sich in der Fürsorge für die einzelnen Hilfsbedürftigen bethätigt, sind in den Bezirken von verschiedener Bedeutung; sie bestehen durchweg in allen Bezirken in Beihilfen bei Unterbringung von Kranken in Anstalten, die beiden elsässischen Bezirke zahlen Aversionalvergütungen an die Kliniken der Universität Straßburg behufs Unterbringung armer Kranker aus den Bezirken in denselben; desgleichen werden Unterstützungen an Blinde, Taubstumme, Gebrechliche, Sieche, Idioten, bezw. für die Unterbringung solcher Personen in Hospitälern und den bezüglichen Specialinstituten gezahlt; der Bezirk Lothringen unterhält eine Armenpflegeanstalt zu Gorze mit einem jährlichen Kostenaufwande von ca. 30000 Mk., in welcher erwerbsunfähige Arme aller Art, auch Epileptische, Krebskranke, Geistesschwache und Gebrechliche beider Geschlechter Aufnahme finden; der Bezirk Unterelsaß hat eine Armenpflegeanstalt bei Bischweiler errichtet; Oberelsaß besitzt keine eigene Anstalt, setzt aber einen Jahresbeitrag (1886 14000 Mk.) aus, um mit demselben die Kosten für die Unterbringung von ruhigen Irren, Idioten und Epileptischen im Gemeindespital zu Neubreisach zu bestreiten. Die mittelbaren Leistungen beziehen sich in erster Linie auf die Subventionierung von Wohlthätigkeitsanstalten und Vereinen, so Wöchnerinnenvereine, Blödenanstalten, Anstalten zur Unterstützung armer Kinder, Verein zur Fürsorge für entlassene Gefangene, zur Unterstützung armer Israeliten, Anstalten für protestantische und katholische Mägde, zur Besserung verwahrloster Kinder, die aus den französischen sociétés de secours mutuels hervorgegangenen Kranken- und Unterstützungskassen; alle diese Subventionen sind aber meist nur von geringem Umfange; hierher gehört dann ferner noch der Zuschuß, welcher zur Besoldung der Kantonalärzte geleistet wird, und welcher an Umfang ein beträchtlicherer ist.

Der Staat endlich beteiligt sich an den Werken der Armenpflege teils mittelst Gewährung von Zuschüssen an Wohlthätigkeitsanstalten, teils mittelst direkter Unterstützung von Hilfsbedürftigen, doch bleibt diese Beteiligung wesentlich hinter der der Bezirke zurück. In dem Budget für das Jahr 1886 waren für die Armenpflege insgesamt 98000 Mk. eingestellt, in welchem Betrage die gesetzlich dem Lande obliegenden Anforderungen für die Waisenpflege einbegriffen sind; 30000 Mk. waren zur Unterstützung von Wohlthätigkeitsanstalten bestimmt und wurden größtenteils zur Gewährung von Beihilfen für mit unzureichenden Mitteln dotierte Wohlthätigkeitsbureaus verwendet; 9500 Mk. waren zu Gewährung von Freistellen in Pflegeanstalten für Taubstumme, Blinde, Geisteskranke und Gebrechliche, 35000 Mk. zur Gewährung von Unterstützungen an Hilfsbedürftige ausgeworfen; letztere Summe wird zum Teil den einzelnen staatlichen Behörden zur weiteren Verwendung zur Verfügung gestellt.

Damit wäre die Darstellung des gesetzlichen und des faktischen Standes bezüglich der Beteiligung der größeren Verbände an der Armenpflege in den einzelnen deutschen Staaten, abgesehen von Preußen, beendet; ich habe mich bemüht, dieselbe, soweit es das mir zur Verfügung stehende Material erlaubte, thunlichst vollständig zu geben, weil nur auf diese Weise die notwendigen Unterlagen für eine sachgemäße Beurteilung zu schaffen standen, wie solche bei etwaigen Vorschlägen für eine eventuelle weitere Anregung seitens des deutschen Vereins für Armenpflege und Wohlthätigkeit zu schaffen war. Leider war es nicht möglich, überall auch zahlenmäßiges Material über die Aufwendungen für die Armenpflege und die Verteilung derselben auf die einzelnen Faktoren in den einzelnen Staaten zu beschaffen, und bei denjenigen Staaten, für welche wenigstens eine teilweise zahlenmäßige Festlegung geschehen konnte, war es doch wiederum ausgeschlossen, die vorhandenen Zahlengrößen gegenseitig in ein ohne weiteres eine Vergleichbarkeit lieferndes Verhältnis zu bringen und danach übersichtliche Zusammenstellungen, aus denen sofort das Maß der Beteiligung der einzelnen Faktoren relativ zu ersehen gewesen wäre, zu geben. Ein derartiges Material, welches stets eine eingehendere übereinstimmende Feststellung nach den gleichen Grundsätzen in den sämtlichen deutschen Staaten zur Voraussetzung haben würde, ließe sich aber wohl nur bei einer allgemeinen statistischen Erhebung, wie solche für das Deutsche Reich im Jahre 1885 vorgenommen wurde, beschaffen und auch da wohl nur allgemeiner und in großen Zügen; aber das würde immerhin schon für die ganze Beurteilung des in Frage stehenden Gegenstandes von einem nicht unwesentlichen Wert sein, und ich möchte die Gelegenheit nicht vorübergehen lassen, auf diese Bedeutung noch ganz besonders hinzuweisen, und dabei den Wunsch aussprechen, daß, falls die allgemeine statistische Erhebung für das Deutsche Reich, wie ja über kurz oder lang zu erwarten, eine Wiederholung, wenn auch vielleicht in einer abgeänderten Weise, erfahren sollte, auch gerade der Beteiligung der größeren Verbände an der Armenpflege eine Berücksichtigung zu Teil würde und der Anteil aller der einzelnen Faktoren der Armenpflege an der Ausübung dieser zahlenmäßig in vergleichbarer Zusammenstellung festgelegt würde.

Das Gesamtbild aus der gegebenen Darstellung kann aber nur als ein im allgemeinen erfreuliches bezeichnet werden. Als erfreulich nehme ich hier aber jede weitere Ausdehnung der Beteiligung größerer Verbände an der Armenpflege an, denn dadurch eben wird die Armenpflege selbst zu einer weit leistungsfähigeren gemacht, sie wird mit ihren immer steigenden finanziellen Anforderungen auf breiterer Unterlage mit aufgebaut, die größeren Verbände mit ihrer an sich schon größeren finanziellen Kraft nehmen sich derjenigen Zweige der Armenpflege an, welche einesteils für die Ausübung im großen wesentlicher geeignet sind, andernteils aber auch besonders große Geldopfer verlangen, die erste Trägerin der Armenpflege, der Ortsarmenverband oder die örtliche Armenpflege, wird dadurch in mehr oder weniger erheblicher Weise entlastet, und es ist ihr so die Möglichkeit gegeben, sich der ihr verbleibenden armenpflegerischen Funktionen entsprechend intensiver und erfolgreicher anzunehmen, das Ineinandergreifen und Zusammenwirken alle der einzelnen auf dem Gebiet der Armenpflege heranzuziehenden Faktoren wird ein vollständigeres und wirkungsvolleres, und durch alle diese einzelnen Momente muß der Stand der Armenpflege selbst mit Notwendigkeit gehoben und zu segensreicherer Entfaltung gebracht werden, so daß gewiß die Berechtigung vorliegt, die Beteiligung der größeren Verbände an der Armenpflege an und für sich als etwas Günstiges und Erfreuliches hinzustellen. Diese Beteiligung, mag sie nun eine weitergehende oder eine engere sein, äußert sich in den einzelnen Staaten, wie ich gezeigt habe, doch wieder in einer stark verschiedenartigen Weise, und so giebt die Darstellung in dieser Beziehung ein ziemlich buntes Gemisch in den Einzelheiten ab, das aber von vornherein und an und für sich keineswegs etwa als etwas Nachteiliges hingestellt werden kann. Denn gerade bei einer Angelegenheit, wie die hier in Frage stehende Beteiligung der größeren Verbände an der Armenpflege kommt der faktische Stand, in welchem sich in den einzelnen Staaten die ganze Organisation der inneren Verwaltung und vorzugsweise auch die Verteilung der finanziellen Kraft befindet, immer in erster Linie und ganz besonders vorwiegend in Betracht, die ganze Organisation der Armenpflege muß sich mit Notwendigkeit daran anschließen und darauf aufbauen und ist dieses wiederum vorzugsweise gerade bei der Beteiligung der größeren Verbände der Fall. Der faktische Stand in dem einzelnen Staate bedingt deshalb die ganze gesetzgeberische Ordnung des Armenwesens in demselben. Danach richtet es sich, welche größeren Verbände in dem einzelnen Staate für die Armenpflege herangezogen werden, in welcher Beziehung ja eine größere Verschiedenheit zu beobachten stand; in einzelnen, namentlich kleineren Staaten, war dieses lediglich oder doch wesentlich nur der Staat als solcher, meist wohl deshalb, weil nur er die nötige finanzielle Grundlage bot; andere Staaten belasteten mit der Armenpflege die zwischen Ortsgemeinde und Staat allein vorhandenen mittleren Distrikte, die dann regelmäßig auch besonders finanziell ausgestattet und gekräftigt wurden, sei es mit, sei es ohne Schaffung besonderer Korporationsverbände, dieses trat wesentlich in den mittleren Staaten hervor; wieder andere durchweg größere Staaten, welche zwischen Ortsgemeinde und Staat noch eine mehrfache Verwaltungsgliederung besitzen, wiesen zum Teil der höheren, zum Teil der niederen Verwaltungsstufe die Armenpflege zu, zum Teil auch wohl beiden; wird endlich noch der Umstand berücksichtigt, daß vereinzelt sogar zur ersten und eigentlichen Trägerin der Armenpflege anstatt der Ortsgemeinde schon ein größerer Verband eingesetzt ist, so wird man gewiß eine ziemliche Reichhaltigkeit der Ordnung in dieser Beziehung nicht verkennen können.

Aber durch den faktischen Stand wird nicht nur bedingt, in welcher Weise eine Gesetzgebung zu erlassen ist, sondern ebenso sehr auch, ob sie überhaupt erlassen werden muß. Vielfach konnte beobachtet werden, daß bezüglich der Beteiligung größerer Verbände an der Armenpflege seitens der Gesetzgebung kaum oder doch nur in ganz untergeordneter Weise Bestimmung getroffen war, daß aber trotzdem diese Beteiligung in höherem, ja oft in recht erheblichem Maße faktisch stattfand. Principiell wird man ja wohl immer eine feste und scharf abgegrenzte Regelung auch für den vorliegenden Fall als das beste und vollkommenste anerkennen müssen, das wird aber keineswegs ausschließen, den hier gegebenen faktischen Zustand, die berührte Verschiedenheit, als einen nicht zu bemängelnden hinzustellen. In den betreffenden Fällen ist es meist der Staat selbst, der gewisse Funktionen der Armenpflege freiwillig nach altem Herkommen trägt, und wird man die Gefahr, daß er hierin plötzlich eine Änderung sollte eintreten lassen, kaum für groß erachten können. Meist sind es außerdem kleinere Staaten, in denen dieses in schärferer Weise hervortritt, und das führt dazu über, auch die Verschiedenheit ins Auge zu fassen, welche durch die Größe der einzelnen Staaten für das Bedürfnis nach einer Beteiligung größerer Verbände an der Armenpflege und für die Art und Weise dieser Beteiligung gegeben ist.

Für den kleinen Staat wird man es oft schon für genügend erachten können, wenn lediglich der Staat unter den Ortsgemeinden eine Thätigkeit auf dem Gebiete entfaltet; in den kleineren Verhältnissen wird sich dieser immer schon den individuellen Bedürfnissen in vollem Maße anschließen können, ohne daß dabei weiter die Zwischeninstanz der Mittelbezirke in Anspruch genommen zu werden braucht. Es ergiebt sich dieses ja schon daraus, daß das kleinere Staatsgebiet oft nur der Fläche eines Mittelbezirks im großen Staat entspricht, wobei regelmäßig aber das kleine Staatsgebiet finanziell viel kräftiger dastehen und deshalb auch viel besser zu entlasten imstande sein wird, als der Mittelbezirk des größeren Staats. Dazu kommt aber noch ein weiterer Umstand zum Vorteil der kleinen Staaten hinzu; überall und von jeher hat sich gerade auch der mildthätige Sinn der regierenden Fürstenhäuser auf dem Gebiete der Armenpflege thätig erwiesen, sei es durch Stiftung besonderer Anstalten für die Armen, sei es durch Gewährung direkter Unterstützungen oder Schaffung von Fonds gleicherweise in der Gestalt von Stiftungen für solche, sei es durch Eintreten in besonderen Notfällen und Beihilfenbewilligung bei solchen; dem absoluten Umfang nach wird nun dieses Eintreten der Herrscherhäuser in den kleinen Staaten sich etwa ebenso gestaltet haben, wie in den größeren, zumal da die Fürstenhäuser der kleineren Staaten oft durch großen Allodialbesitz gerade ganz besonders ausgezeichnet waren; der Wirkung nach ist aber ein wesentlicher Unterschied gegeben, denn in dem kleinen Staat ist die Stiftung u. s. w. durchweg für das ganze Gebiet ausreichend, während sie in dem großen Staat nur in einem beschränkten Teile, oft nicht weit über den Umkreis der Hauptstadt hinaus ihre Wirkung äußern kann; dieser Umstand ist aber für die hier zur Erörterung gebrachte Frage von nicht zu unterschätzender Bedeutung, es muß damit das Bedürfnis nach der Beteiligung größerer Verbände an der Armenpflege für ein Teil der kleineren Staaten in wesentlich geringerem Maße vorhanden sein, weil eben jene Stiftungen schon helfend für die Ortsarmenverbände eintreten und sie stärker entlasten; für verschiedene kleinere Staaten ist dieses besonders geltend gemacht, bezw. es geht aus der Zahl und dem Umfang der bestehenden bezüglichen Stiftungen hervor, auf letztere konnte ja in meiner obigen Darstellung keine Rücksicht genommen werden, ich glaubte deshalb aber die Sache wenigstens hier näher berühren zu sollen, da in ihr vielfach der Grund liegt, daß trotz des an sich nur wenig hervortretenden Wirkens der größeren Verbände doch der für den Staat bestehende Zustand als ein befriedigender erachtet wird. In den größeren Staaten tritt nun aber auch, ganz abgesehen von dem letzterwähnten Umstande, das Bedürfnis nach einer Beteiligung der größeren Verbände und speciell der sich zwischen Ortsgemeinde und Staat einschiebenden Verwaltungs= bezirke schon an sich weit stärker hervor, es ist dieses mit der Größe des Gebietes ohne weiteres gegeben; der Staat selbst kann hier nicht in derselben Weise unter Berücksichtigung der individuellen Einzelverhältnisse eingreifen, er muß dafür notwendigerweise nochmals eine oder auch mehrere Zwischen=

instanzen bilden, welche vermöge des kleineren Bezirks das Individuelle stärker berücksichtigen können; so ist also der größere Staat für unsere Frage immer schon in einer zwingenderen Lage.

Ein in erster Linie wesentliches Moment für unsere Frage liegt sodann aber in der verschiedenen Art und Weise, wie in den einzelnen Staaten die größeren Verbände, speciell die Zwischenstufen zwischen Ortsgemeinde und Staat, thatsächlich ausgestaltet sind. Durchweg in sämtlichen deutschen Staaten finden sich über den Ortsgemeinden und unter der Landesregierung Behörden für die innere Verwaltung, denen ein bestimmter räumlich abgegrenzter Bezirk mit einer Anzahl von Ortsgemeinden zugewiesen ist; in den kleineren und mittleren Staaten ist meist nur eine Gattung solcher Behörden vorhanden, in den größeren dagegen auch wohl zwei wiederum übereinander stehende; die Benennung dafür ist eine wechselnde, so daß man sich daran nicht halten kann. Nachdem dann im Laufe dieses Jahrhunderts und vorwiegend erst in der zweiten Hälfte desselben die Bestrebungen nach Schaffung größerer Selbstverwaltungsverbände immer weiter an Boden gewonnen und dementsprechend auch die einzelnen Landesregierungen in zunehmendem Maße dem Folge gaben, wurden an die ursprünglich rein behördlichen Verwaltungsbezirke vielfach Selbstverwaltungskörperschaften angegliedert und diesen Selbstverwaltungskörperschaften mehr oder weniger weitgehende Befugnisse übertragen. Im einzelnen treten dabei natürlich für die verschiedenen Staaten wiederum mannigfache und weitergehende Verschiedenheiten hervor. In einzelnen Staaten hat man besondere Selbstverwaltungskörperschaften allgemeinen Charakters gar nicht einmal geschaffen, man hat aber doch den Verwaltungsbezirken gewisse Funktionen, so speciell und vorwiegend auch auf dem Gebiete der Armenpflege, ausdrücklich oft auch unter Anordnung eines bestimmten Organismus dafür zugewiesen; in anderen Staaten hat man Selbstverwaltungskörperschaften zwar ins Leben gerufen, sie aber nur mit einer engbegrenzten Kompetenz ausgestattet, so daß sie in ihrer Wirkung ziemlich beschränkt sind; in anderen Staaten endlich ist man hierin weitergegangen und hat auch die Thätigkeit und das Betriebsfeld der Selbstverwaltungskörperschaften zu einer freieren und ausgedehnteren gestaltet, ohne durch Schranken eine segensreiche Bewegungsfreiheit und Entwickelung zu hemmen. An die verschiedenartige Kompetenzgestaltung der Selbstverwaltungskörperschaften schließt sich als Hauptpunkt dann noch die verschiedenartige finanzielle Ausstattung derselben mehr oder weniger an. Wo die Selbstverwaltung nur für einzelne Funktionen oder mit großer Einengung ins Leben gerufen war, da war meist auch ihre finanzielle Stellung nur eine schwache; in der Regel bestand nur die Befugnis, den Aufwand, welcher durch die bezügliche Thätigkeit des größeren Bezirks entstehen mußte, nach irgend einem speciell vorgeschriebenen Steuerfuße auf die einzelnen Gemeinden des Bezirks wiederum zu verteilen. Wo man dagegen einen weiteren Ausbau der Selbstverwaltungskörperschaften vornahm, sah man sich meist auch veranlaßt, den Körperschaften einen festeren finanziellen Boden zu geben und ihnen eigene Einnahmequellen zuzuweisen; hierin ging man aber in den einzelnen Staaten auch wieder verschieden weit, die Einnahmen waren im Verhältnis bald kleinere, bald wesentlichere; sie bestanden teils in der Überweisung von besonderen, bisher meist staatlichen

Eingängen, speciell von Gebühren und Strafgeldern, so Jagdscheingebühren, Polizeistrafgeldern u. s. w., teils in der Zusicherung eines regelmäßigen staatlichen Zuschusses, teils endlich auch in der Ausstattung mit besonderen, oft erheblicheren Kapitalfonds. Daß aber gerade durch diese Verschiedenheit, welche in recht bunter Weise zwischen den einzelnen Staaten obwaltet, ein ganz wesentlicher Einfluß auf die Intensität der Beteiligung der größeren Verbände auf dem Gebiete der Armenpflege geübt werden muß, liegt wohl auf der Hand; denn daß auf diesen Gebieten ein Verband, welcher einen großen Wirkungskreis besitzt und für denselben auch entsprechend finanziell in ausreichender Weise ausgestattet ist, mehr leisten kann, als ein Verband, dem nur eine einzelne Funktion zugewiesen, und der die ihm durch die Erfüllung derselben erwachsenden Kosten lediglich von den zu ihm gehörigen Gemeinden einziehen darf, braucht wohl nicht näher erwiesen zu werden. Aber die Stellung der Landesregierung selbst für unsere Frage wird auch durch diese Verschiedenheit der sonstigen Organisation in gewisser Weise mitbedingt. Wenn sich eine Regierung von der segensreichen Wirkung einer Beteiligung der größeren Verbände an der Armenpflege im Princip überzeugt hat, so wird ihr die faktische Durchführung doch in einem Staate mit den entwickelten und finanziell kräftigen Selbstverwaltungskörperschaften ungleich leichter werden, als in einem Staate der anderen Art, in ersterem wird sich eine Einführung der Erweiterung jener Beteiligung durchweg ohne weiteres an die bestehende Organisation anfügen lassen, in letzterem dagegen wird es meist noch besonderer, oft mit größeren Schwierigkeiten verbundener Umgestaltungen bedürfen, welche häufig in andere Gebiete übergreifen werden und zu denen sich eine Regierung immerhin schwerer entschließen wird. Insofern ist also durch die verschiedenartige Verwaltungsorganisation die verschiedenartige Gestaltung der Beteiligung größerer Verbände an der Armenpflege wiederum ganz wesentlich bedingt.

Ein Punkt ist übrigens auch vorhanden, der als solcher keine Verschiedenheit an dieser Beteiligung bewirkt, das ist die Verschiedenheit, in der principiellen Stellung zum Armenrecht, welche innerhalb der deutschen Staaten noch zu Kraft besteht. Es hat sich in der Darstellung des gesetzlichen und faktischen Standes gezeigt, daß ebenso wie in den Staaten unter dem Unterstützungswohnsitzgesetz auch in dem Königreich Bayern mit dem Princip des Heimatrechtes und in dem Reichsland Elsaß-Lothringen unter der fakultativen Armenpflege eine Heranziehung der. größeren Verbände für die Armenpflege möglich ist und auch thatsächlich stattfindet. Ja in dem Königreich Bayern ist diese Heranziehung sogar ganz besonders ausgebildet, und auch im Reichsland ist sie eine verhältnismäßig nicht unerhebliche. Eins ist dabei aber nicht zu übersehen, was den Staaten des Unterstützungswohnsitzgesetzes möglicherweise als ein Vorteil für die zu behandelnde Frage anzurechnen ist, das ist die Einrichtung des Landarmenverbandes. Wenn man die geschichtliche Entwickelung der Beteiligung größerer Verbände an der Armenpflege verfolgt, so sieht man vielfach sich diese gerade an das Institut des Landarmenverbandes zunächst anlehnen; als gewissermaßen erste Stufe in der Entwickelung zeigt sich eine Erweiterung der Pflichten des Landarmenverbandes, und auf diese Weise wird zuerst ein Teil der Lasten der Ortsgemeinden und der Ortsarmenverbände diesen abgenommen und auf die kräftigeren Schultern des größeren Verbandes gelegt; dieses geht sodann sogar so weit, daß der Landarmenverband selbst zu einer jener oben hervorgehobenen Specialkörperschaften für die Armenpflege ausgebildet wird, wie solches im Herzogtum Anhalt geschehen ist.

Betrachtet man nun die einzelnen Zweige der Armenpflege, bezüglich derer sich die Thätigkeit der größeren Verbände in den einzelnen Staaten zeigt, so ist dazu zunächst ein übereinstimmendes, ziemlich überall gegebenes Moment hervorzuheben. Die Thätigkeit des umfassendsten Verbandes, des Staates, dokumentiert sich fast in sämtlichen einzelnen Staaten mehr oder weniger wesentlich darin, daß er die größeren Anstalten, welche teils nur mittelbar, teils aber auch unmittelbar der Armenpflege dienen, wie Krankenhäuser, Kliniken, Irren=Heil= und =Pflegeanstalten, Idiotenanstalten, Taubstummen= und Blindeninstitute und dergleichen auf seine Kosten herstellt und unterhält und für die Aufnahme von Armen den unterbringenden Verbänden lediglich die meist nur sehr gering berechneten Specialkosten für die unmittelbare Verpflegung in Anrechnung bringt, ja oft auch diese noch besonders ermäßigt oder wohl auch gar ganz erläßt. Neben dem Staat unterhalten aber verschiedentlich auch andere größere Verbände derartige Anstalten, namentlich Krankenhäuser, Armenhäuser, Siechenhäuser und dergleichen, und zwar geschieht dieses in denjenigen Staaten, welche mehrere Zwischenglieder zwischen Staat und Gemeinde haben, meist von den sich an den Staat unmittelbar anschließenden Verbänden. Dieser ganze Zweig der Armenpflege, die Anstaltserrichtung, ist, was die ländliche Armenpflege betrifft, eigentlich ganz den größeren Verbänden vorbehalten, man findet in den ländlichen Ortsarmenverbänden höchstens kleinere Armenhäuser, welche den Armen lediglich Unterkunft gewähren und nur hin und wieder auch gewisse Vorkehrungen für Krankheitsfälle, speciell epidemische, (besondere Krankenzimmer mit entsprechender Einrichtung) besitzen; in den Städten, und namentlich in den größeren, kommen ja allerdings mehr oder weniger regelmäßig Anstalten, besonders Krankenhäuser mit vollkommener und vollständiger Einrichtung und in größerem Umfange angelegt vor, oft ist zur Herrichtung dieser Anstalten aber doch wieder von den größeren Verbänden eine Unterstützung gewährt, denn die Gewährung derartiger Beihilfen ist auch ein Feld für die Thätigkeit der größeren Verbände, wie die obige specielle Darstellung für die einzelnen Staaten ausweist. Eine weitere lediglich die finanzielle Seite betreffende Thätigkeit der größeren Verbände besteht in der Gewährung von Beihilfen an die vorzugsweise mit Armenlasten überbürdeten Gemeinden; diese Thätigkeit findet man ganz besonders häufig in den einzelnen Staaten gesetzlich angeordnet und bildet sie gewissermaßen eine der ersten Stufen für das Eingreifen der größeren Verbände; eine Verschiedenheit zeigt sich dabei namentlich insofern noch, als in einigen Staaten specieller vorgeschrieben ist, wann eine, die Beihilfe bedingende Überbürdung für die Ortsgemeinde vorhanden sei, und in welchem Verhältnisse die Beihilfe gegeben werden müsse; die Gewährung dieser Beihilfen geschieht übrigens sowohl von dem Staat, wie auch von den unter demselben stehenden Verbänden. Dann kommt ferner als wesentlichstes Feld die Anstaltspflege in allen ihren einzelnen Erscheinungen in Frage; dabei ist aber das Verhältnis wiederum ein sehr verschiedenartiges.

Bald ist den größeren Verbänden die Verpflichtung zu der bezüglichen Pflege ohne weiteres auferlegt worden, und sie übernehmen einfach die auf diese Weise zu Unterstützenden auf ihren Etat, bald ist ihnen nur ein gewisser Teil der durch die fragliche Unterstützungsart entstehenden Kosten aufgebürdet worden und sie zahlen denselben an die in erster Linie unterstützungspflichtige Ortsgemeinde, bald ist es auch lediglich in ihr Ermessen gestellt, wie weit sie mit ihrer Fürsorge in dieser Hinsicht gehen wollen, und dabei haben einige Verbände generelle Sätze, welche durchweg von ihnen übernommen werden und regelmäßig in einem gewissen Prozentsatz der gesamten Kostenaufwendung der Ortsgemeinde bestehen, aufgestellt, während andere ihren Zuschuß lediglich von Fall zu Fall je nach den besonderen Verhältnissen festsetzen. Dann ist auch darin, für welche Arten der Anstaltspflege die größeren Verbände eintreten, ein wesentlicher Unterschied gegeben; am verbreitetsten und ausgiebigsten findet sich die Übernahme der Verpflegungskosten für Geisteskranke, wobei noch die Sonderheit zu bemerken, daß häufig nur Geisteskranke, welche heilbar oder welche für die Gemeinheit gefährlich sind, von den größeren Verbänden versorgt werden und zu versorgen sind; auch auf die Unterhaltung von Taubstummen und Blinden, teilweise wieder mit Ausscheidung lediglich der bildungsfähigen, erstreckt sich die Thätigkeit der größeren Verbände in einem weiteren Umfange; in einer Reihe von Staaten nehmen sich die größeren Verbände auch der Idiotenpflege an, auch die Fürsorge für Kretinen kommt vor; es ist ferner die Waisenpflege und die Fürsorge für verwahrloste oder bestrafte Kinder hervorzuheben, daneben dann weiter die Fürsorge für zu bessernde arbeitsscheue Elemente unter den Erwachsenen; endlich tragen die größeren Verbände häufig die Kosten oder einen Teil der Kosten, welche durch Verpflegung armer Kranken in Krankenhäusern und sonstigen Anstalten entstehen; gerade in dieser Beziehung zeigen aber die einzelnen deutschen Staaten bezüglich des Eintretens der größeren Verbände ein verhältnismäßig recht buntes Bild. Schließlich ist dann aber noch die Verwilligung direkter Unterstützungen, sei es allgemein, sei es auf besonders geartete Fälle beschränkt, unter den Leistungen der größeren Verbände mitaufzuführen, obwohl dieselbe an und für sich doch immerhin seltener vorkommt.

Nunmehr würde zum Schlusse noch zu prüfen sein, in welcher Richtung sich die ganze Entwicklung in dem letzten Jahrzehnt bezüglich des hier erörterten Punktes bewegt hat. Wie schon oben hervorgehoben, wurde bei den Verhandlungen des deutschen Vereins für Armenpflege und Wohlthätigkeit über die ländliche Armenpflege und ihre Reform vorzugsweise gerade auf die Beteiligung der größeren Verbände an der Armenpflege hingewiesen und in den als Abschluß jener Verhandlungen zur Annahme gebrachten Thesen hauptsächlich das Bedürfnis nach einer weiteren Ausgestaltung dieser Beteiligung anerkannt. Die Entwicklung in den seitdem verflossenen etwa zehn Jahren kann aber nur als eine sehr günstige bezeichnet werden, denn in der obigen Darstellung der Lage in den einzelnen Staaten konnte auf eine ganze Anzahl neuer Gesetze hingewiesen werden, welche sich mehr oder weniger in der Richtung einer allgemeinen Förderung jener Beteiligung größerer Verbände bewegten. Jene neueren Gesetze reihen sich der Zeit nach in folgender Weise aneinander: im Jahre 1886 ist einmal im Fürstentum Reuß älterer

Linie eine Beteiligung der größeren Verbände an der Armenpflege, wenn auch nur als fakultative, so doch in weitgehendem Maße neu angeordnet worden, während sie früher noch nicht vorhanden war, und ferner ist im Großherzogtum Sachsen=Weimar=Eisenach eine frühere Beschränkung in der Belastung der Staatskasse mit der Tragung der Irrenunterhaltungskosten zur Aufhebung gebracht; 1888 wurde für das Königreich Bayern die Unter= stützung überbürdeter Gemeinden durch die Distrikte neu und weitergehend geregelt und gleichzeitig die Thätigkeit der Kreise in dieser Richtung einge= führt; 1889 wurde im Herzogtum Sachsen=Meiningen die Fürsorgepflicht der Landarmenverbände erweitert und im Königreich Württemberg die Funktion der Landarmenverbände den Kreisen, die dazu besser gekräftigt waren, über= tragen, dabei aber den früher damit betrauten Oberämtern doch noch einzelne Zweige der Armenpflege neben den Kreisen für eine freie Thätigkeit belassen; 1891 machte das Großherzogtum Baden seine Kreisverbände durch ent= sprechende Dotation fähiger, die ihnen auf dem Gebiete des Armenwesens auferlegten Verpflichtungen zu erfüllen; 1893 ordnete man im Großherzogtum Hessen eine regelmäßige pekuniäre Unterstützung der Landarmenverbände durch den Staat gesetzlich an; 1894 nahm das Großherzogtum Oldenburg eine Erweiterung der Pflichten der Landarmenverbände für das Fürstentum Birken= feld vor; 1896 dehnte das Großherzogtum Mecklenburg=Schwerin die Unter= stützungspflicht der Amtsverbände im Domanium weiter aus; 1897 endlich regelt das Herzogtum Sachsen=Altenburg gesetzlich einen aus der Staatskasse regelmäßig zu zahlenden Zuschuß zu dem außerordentlichen Armenaufwand der Ortsarmenverbände, und das Großherzogtum Oldenburg übernimmt für das Fürstentum Lübeck die Kosten der Landarmenpflege, deren Thätigkeits= gebiet ein wesentlich erweitertes ist, auf die Landeskasse. Für den an sich kurzen Zeitraum, welcher aber für die Weiterentwicklung einer principiellen Organisationsfrage, wie die Beteiligung größerer Verbände an der Armen= pflege, um so mehr nur als ein untergeordneter angesehen werden kann, haben sich in zehn verschiedenen deutschen Staaten elf einzelne Gesetzgebungs= akte gezeigt, welche alle in einer gewissen Weise die Tendenz haben, die Thätigkeit der größeren Verbände auf dem Gebiete der Armenpflege auszu= dehnen. Man darf daraus wohl mit Recht den Schluß ziehen, daß in dem Kreise der deutschen Landesregierungen sich die Überzeugung von den segens= reichen Erfolgen einer Heranziehung der größeren Verbände zur Armenpflege allgemein Bahn gebrochen hat, und daß man danach auch bestrebt ist, nach Thunlichkeit diese Heranziehung zu fördern und auszudehnen, ein Bestreben, welches sich naturgemäß nur allmählich und nach und nach vollkommen Durch= bruch und Übersetzung in die faktische Ausführung verschaffen kann. Daß aber diese Bestrebungen die ganze Entwicklung in der neueren Zeit des weiteren beherrschen, geht ferner auch daraus hervor, daß da, wo das Ein= greifen der größeren Verbände gesetzlich nur als ein fakultatives hingestellt worden ist, doch dieses Eingreifen immer mehr an Ausdehnung gewinnt, wie verschiedentlich zu konstatieren stand. Ebenso ließ auch das für eine Reihe von Staaten beigebrachte zahlenmäßige Material fast durchweg ein fortgesetztes Anwachsen der armenpflegerischen Aufwendungen der größeren Verbände und damit ein Intensiverwerden der Thätigkeit derselben ersehen;

ich brauche dabei nur auf das Königreich Bayern, das Königreich Württemberg, Großherzogtum Baden, Herzogtum Braunschweig, Fürstentum Waldeck und andere hinzuweisen.

Wenn ich nun aber das Endergebnis meiner Darstellung, wie dieses bei den Referaten des Deutschen Vereins für Armenpflege und Wohlthätigkeit üblich ist, in einer zur Annahme durch die Vereinsversammlung zu empfehlenden Resolution ausklingen lassen soll, so kann diese sich nur auf einem allgemeinen breiten Boden bewegen. Sofern man lediglich das Segensreiche einer Beteiligung der größeren Verbände an der Armenpflege im Auge hat und ferner berücksichtigt, daß diese Beteiligung doch noch nicht überall in den einzelnen deutschen Staaten in der gleichen weitergehenden Ausdehnung zur Durchführung gebracht ist, dürfte vielleicht der Gedanke nahe liegen, darauf hinwirken zu wollen, daß von Reichswegen eine Heranziehung der größeren Verbände auf dem Gebiet der Armenpflege, sei es allgemein, sei es für bestimmte Zweige, wie beispielsweise die Anstaltspflege, zur Anordnung gebracht werde. Nach Maßgabe meiner Darstellung muß ich das aber einmal als an und für sich nicht angebracht und ferner als nach Lage der Sache durchaus nicht notwendig erachten. Das Reichsgesetz über den Unterstützungswohnsitz hat die Organisation des Armenwesens im Einzelnen in seinem § 8 den Landgesetzen vorbehalten und, wie ich glaube, mit gutem Grunde. Es ist oben schon zur Genüge darauf hingewiesen, wie die Organisation des Armenwesens sich notwendig an die ganze Organisation der inneren Verwaltung in dem einzelnen Staat anschließen muß; bei der Verschiedenheit, welche innerhalb der deutschen Staaten in dieser Richtung besteht und immer bestehen bleiben wird, kann aber eine einheitliche gleichmäßige Regelung der Organisation des Armenwesens im einzelnen weder für möglich noch überhaupt auch für angezeigt gehalten werden. Ebenso wenig wird man auch ein einzelnes Moment der Organisation wie die Beteiligung der größeren Verbände herausgreifen können und dieses allein einer zwingenden Regelung unterwerfen, was schon an sich zu Bedenken Veranlassung geben könnte; ich glaube hinlänglich gezeigt zu haben, wie sich gerade die Beteiligung der großen Verbände an der Armenpflege so eng an die sonstige Organisation der Verwaltung im Staate anschließt und anschließen muß, ein weiteres Hervorheben des Unangebrachten eines generellen Durchgreifens und einer reichsgesetzlichen Regelung dürfte daher wohl als überflüssig erscheinen. Aber nach dem ganzen derzeitigen Stande der Sache, wie er oben zur Darstellung gebracht wurde, liegt auch ein Bedürfnis nach einer derartigen allgemeinen Regelung gar nicht vor; durchweg in den deutschen Staaten hat sich eine Thätigkeit der größeren Verbände auf dem Gebiete der Armenpflege, wenn auch in einer nicht unwesentlichen Verschiedenheit bezüglich der Ausdehnung bereits herausgebildet, der Zug der ganzen Entwickelung geht offenbar dahin, diese Thätigkeit zu erweitern und zu vervollkommnen und steht dementsprechend wohl mit Recht zu erwarten, daß mit der Zeit, der in dieser Beziehung jedenfalls Rechnung zu tragen, eine volle Entfaltung der Wirksamkeit der größeren Verbände eintreten wird, welche sich überall den individuellen Einrichtungen der einzelnen Staaten eng anschließen und dadurch einen um so größeren Erfolg verbürgen wird. Ein zwingendes Eingreifen würde aber hier mehr hemmend als fördernd wirken und kann in keiner Weise als notwendig betrachtet werden. Danach bleibt dann lediglich eine allgemeine Empfehlung der Beteiligung der größeren Verbände an der Armenpflege über, denn auch eine nähere Specialisierung etwa bezüglich der Gebiete, auf welchen solche vorzugsweise angebracht erscheinen müsse, eine Specialisierung, wie sie in den Schlußthesen der Verhandlungen über die ländliche Armenpflege und ihre Reform enthalten und dort auch mit vollem Recht gegeben ist, kann ich hier nicht für angebracht halten, zumal da sie im wesentlichen sich doch nur mit dem Inhalt jener Thesen zu decken haben würde. Mit Rücksicht hierauf glaube ich bezüglich des von mir bearbeiteten Teils des Referats nur folgende allgemeine Resolution zur Annahme anheimstellen zu sollen:

Der Deutsche Verein für Armenpflege und Wohlthätigkeit hat aus dem derzeitigen Stande der Beteiligung der größeren Verbände an der Armenpflege in den einzelnen deutschen Staaten mit Genugthuung wahrgenommen, daß einesteils diese Beteiligung bereits in der großen Mehrheit der Staaten in einer umfangreicheren Weise Platz gegriffen hat, und andererseits die ganze Entwickelung der letzten Zeit auf eine Erweiterung nach dieser Richtung hinzuführen scheint; er spricht die zuversichtliche Erwartung aus, daß das Fortschreiten in dieser Beziehung auch für die Folge andauern werde, indem er eine thunlichste Heranziehung der größeren Verbände behuf Entlastung der kleineren als im Interesse einer gesunden und leistungsfähigen Ausgestaltung des gesamten Armenwesens liegend nochmals bringend empfiehlt.

Pierer'sche Hofbuchdruckerei Stephan Geibel & Co. in Altenburg.